郭松棻文集

哲學卷

目錄

編者前言

李　渝

松棻有一份常讀細讀的書單，沙特和卡繆始終在這書單上。

引領二十世紀歐洲思想及文學的兩位法國作家，本是志同道合的朋友，都曾加入二次世界大戰地下反法西斯抗德組織，都屬戰後左傾進步人士，後來卻在馬克斯主義、蘇聯政權、阿爾及利亞反殖獨立運動等上意見分歧。前者強調知識份子對政治和社會事件表態，由哲學思維而臻至行動，後者堅持人文精神的完整和反叛的尊嚴，二人經由論戰而終至決裂。

一九七一年中國留美學生保衛釣魚台運動興起，松棻積極投入，走上的是沙特曾經以身作則的行動知識份子的道路，釣運向前發展的期間，在不同的幅度上，竟是身驗了二十餘年前曾經導致二位法國作家激辯和分裂的情境。

隨時干涉政治與社會，還是堅守完整的個人，這是兩個非此即彼、不能兩全的選擇。在後期釣運轉型為統一運動而鬥爭越趨激烈的時候，松棻再讀兩位作家，以及康德、黑格爾、馬克斯等，試著釐清他們的也是自己的思維和行動，在決定是否與運動繼續走下去以前。在郭松棻的大量哲學文字中，此卷只收錄了有關沙特和卡繆的部份，有關其他哲學家的未發表筆記仍待整理。

這其間，他更瞭解了卡繆的立場，並且認為卡繆的文學才是更動人的，更普世而恆久的。

釣運有其政治現實和吶喊，也有其精神領域和深思，可以是愛國衛土活動、民族主義政治事件，也可以是措探和定位自我的旅程，收集在這裡的文字或能顯現運動的這些多重意義和作用。論者談及郭松棻退出釣運的原因，多指出一九七四年旅行中國大陸造成的反面衝擊，文集或也能延展這樣的觀點，把視線從表層引向內裡，看見不懈的追究和深化的思想，從而明白了不只是一次旅行，更是長久的體念和澄清，才能促成總結性的回歸文學的抉擇。

文評家們說郭松棻的小說在凌厲的抒情底下有一顆燙手的心。使心燙手有幾個熱源，或許是常被歸之於的台灣意識、在地情懷、身份認同、國族民族、殖民後殖民等等議論吧，然而它們更來自潛伏在所有這些底下的，對人，人的處境，與存在的關注，這裡才是他的火點，他加入釣運的啟線，他的文學的礦脈。

無論是政運參與、哲學思索，還是文學書寫，他的心都放在一個追根究底是生活生存和生命的題目上，它們牽涉到意志，呈現於恭整的生活態度和為人做事的原則，不管是以怎樣的渠道、形式或風格來表達，用松棻自己的話來說，都是為了「在精神的廢墟中，絲毫不懷苟且，且有理想地，建立自己。」

【編者前言二】

行動者的哲學基礎

——郭松棻的哲學閱讀與書寫

簡義明

在郭松棻留下的手稿裡，小說創作與哲學書寫是最重要的兩大範疇。淡出保釣運動的參與之後，郭松棻重返西方哲學的閱讀與思索，以他所熟悉的沙特與卡繆為核心，沉澱政治騷動之後的精神。在這本哲學卷裡，收錄的文章大部分是正式在台灣與香港的雜誌上刊登過的，只有〈戰後西方自由主義的分化〉的第六與第七部分，還有〈沙特在哲學倫理學留下的空白〉一文是未曾發表過的手稿。郭松棻的哲學閱讀範疇極廣，他的關懷與用功的程度可以從他閱讀各式哲學書籍所寫成的文章或筆記中得知，並有其內在思考理路的一致性與延伸性。

一九七四年的中國大陸之行，讓郭松棻對「共產主義」中國的認識有了變化，但這階段的他並未對馬克思主義灰心，是中國共產黨在大陸推行的政策悖離理想，因而造成思想與實踐之間的落差。所以他在這之後，苦心探索西方哲學、社會學、左翼思想等艱澀書籍，並依舊以沙特作為融會這一切的主要線索，在我的觀察裡，無論是梳理西方學術的議題，或分辨沙特和卡繆論戰雙方的孰是孰非，甚至是翻譯共產主義者的論著，郭松棻都是以理想主義者的精神在實踐這些工作，亦都未曾放棄抵達他永不放棄的烏托邦：亦即中國（包括台灣和大陸）社會的正義之可能。

大學時代的郭松棻對當年以〈存在主義是人道主義〉這篇經典文獻奠定地位的沙特相當傾心，在大四那一年，寫下了〈沙特存在主義的自我毀滅〉這篇論文，全文以四個小節來呈現郭松棻所理解的沙特，刊登於剛發行不久的《現代文學》第九期。從題目就可以得知，他並未以完全信服與擁戴的論述位置來介紹沙特，而是帶著一定程度的反省距離，甚至批判沙特的不足。在第一小節「海德格、耶是培、基克嘉與沙特」中，此文爬梳了這幾位存在主義哲學家之間的關係與異同，進而替沙特找出定位；第二小節「虛無、劃割、沙特的哲學遊戲」則指出，寫出《存有與空無》一書的沙特，已逐步將自己推向卡繆的荒謬世界：而第三小節「Negation, Situation, Freedom，沙特的困死」進一步說明了沙特的「自由」概念會被限制在「處境」的框架裡，無法做真正思想的超越；最後一小節「行動，行動倫理學，沙特的死巷」則論證，雖然「行動」成了沙特要克服「虛無」的重要方法，但他終究無法提出「行動」確切的倫理意涵，因此，我們並無法從沙特的哲學中獲得實踐上的保證。

和後來所寫的其他哲學論文相較，郭松棻這篇討論沙特存在主義困境的首部作品，因在肯定與否定沙特之間來回擺盪而稍微晦澀難讀，相較之下，稍晚他刊登在《文星》的另一篇作品〈這一代法國的聲音——沙特〉就清晰許多。

> 在我們的時代裡，沙特算是誰？「沙特是典型的法國現代智識份子」，……我們如果能

一筆而中要害的把沙特的形象勾勒出來，我們必須側重他的態度，勝於他的作品；他的聲音，勝於他的言詞。因此這裡的評介，要環繞著他在這個時代所持守的態度。[1]

很明顯地，郭松棻在這裡想要標明的是沙特的「法國知識份子」的典型價值，並且強調沙特在這個時代持守的「態度」就是「行動」與「介入」。文章在第三小節時，話鋒一轉，藉由沙特「介入境遇的文學」之主張，批評了台灣的作家：「『存在主義必須用之以生活，且生活的很真誠；存在主義者的生活即是隨時為這個信念付出代價。而並非僅僅將它寫成書就了事。』沙特這句話對許多文人學者是個當頭棒喝，不顧自身所處的境遇，不顧自身所處的政治、社會、國家，不顧自身所處的潮流，所處的時代，而一味鑽營技巧文字，這是死亡之途。這類作家在英美作家或台灣此地的作家中我們不難找到。」[2]郭松棻雖然沒有指名道姓地說「一味鑽營技巧文字」的作家是誰，可是，回到那個時代情境底下去審視，應當是把當時只注重模仿西方現代主義外在形式的作家，當成暗諷的對象。

在這篇論文中，值得一提的部分還有他對卡繆和沙特的比較：「沙特沒有成功，他雖然是覺醒的，但他又將文學帶入另一極端，看他的文學創作有如看哲學論文一般，很清楚的可以看出他的信息，但是卻無法覺察到一般文學所特具的顫動，這股顫動才是真正推動人心的力量，卡繆之勝於沙特即在此點；卡繆是深沉的，能面對人類的破舟之痛，沙特同樣深沉，但他卻謀殺了繆司。」[3]在哲學和行動性的評價上，此時的郭松棻認定沙特是比較值得肯定的，但是在文學的成就上，卡繆則大於沙特，因為沙特把文學當作特定用途的工具，失去了「顫動」人心的力量，而卡繆的書寫並未離開文學的核心價值。總之，相較於〈沙特存在主義的自我毀滅〉只是在哲學理論上和沙特對話，這篇〈這一代法國的聲音——沙特〉毋寧更看重沙特作為一個知識份子的承擔與行動特質，那也是在台灣當時的時空語境與歷史處境中最為欠缺的一種知識份子典型。從這個線索來看，郭松棻在出國留學前夕發表的這一篇論述，已經隱約埋下日後在美國參與釣運的種子。

郭松棻赴美留學之後，因為參加釣運，積極投入比較政治性的評論與寫作，暫時離開哲學的探索，但他思考現實議案的問題與框架，從未曾遠離對人類生存境遇的基本探詢，這可說依舊是存在主義式的世界觀與命題，只是，參與釣運之後所經歷的人事動盪與政治上的種種複雜糾葛，讓他在回到思想的國度閱讀經典、整理自我與世界的關係之時，這些外部經驗相當程度讓他重新調整了解讀哲學家和思想內涵的評價。

以〈戰後西方自由主義的分化〉為主標題這幾篇論文為例，郭松棻在香港的《抖擻》雜誌上總共寫了五篇，這次在手稿整理的過程中，發現還有未能於雜誌上刊完的兩部分。其中，第一篇發表的時間和第二篇以降，相隔了三年以上，再仔細對比可以發現，一九七四年三月（《抖擻》第二期）的這篇文章，和一九七七年九月（《抖擻》二十三期）這篇文章，題目完全一樣，顯然是改寫之作，而且，裡頭對卡繆和沙特的評價，可以說相距甚遠。第一次寫的時候是站在沙特的立場，對卡繆有比較大的批評，第二次寫則相反，對沙特反而進行徹底的批判，而且是從兩人之間的論戰出發，清理了一系列西方自由主義甚至是共產主義的問題。何以如此呢？這牽涉到兩個重要因素，第一，當然是卡繆和沙特這場論戰到底在爭什麼？他們各自的思想位置如何？第二，郭松棻前後兩次評價的轉折，和他自己在保釣運動時期的經驗是否相關？

沙特和卡繆對郭松棻的哲學啟蒙和提問方式影響甚深。這兩位影響二十世紀中葉全世界甚鉅的法國思想家，從相互欣賞的知音到界線分明的論敵，構成了西方思想史上一段有意思的議題，他們之間的論戰與哲學交鋒亦是郭松棻研究的重點，我們不妨透過對這場法國哲學上重要的論爭進行脈絡式的歷史重建，去接近、理解郭松棻的思考路徑。

一八九四年，法國發生了影響知識圈甚遠的一個論辯，此論辯是從「德雷福斯事件」開啟的，猶太籍軍官德雷福斯（Alfred Dreyfus），在當時被法國軍方以出賣國防機密給德國為由，雖然證據不充足，他還是被判無期徒刑。德雷福斯的舊上司喬治・皮卡爾（George Picquart）發現真正涉案的另有其人，於是進行揭發，沒想到最後軍事法庭竟然判決被舉發之人無罪，反而是皮卡爾以洩密罪被逮捕。事發之後，有位新聞記者和巴黎高等師範學院的圖書館員一同站出來替皮卡爾發聲，不料人微言輕，影響力有限，後來他們把相關資料交給名作家左拉，才讓這個「德雷福斯事件」演變成全法國關注的焦點，引起了許多人的重視。[4]

無奈當時軍方還是不肯認錯，左拉於是在法國很具份量的《震旦報》發表一封公開信，要讓全國人民知道這件事的陰謀，本來這封信的標題是：「給共和國總統的信」，刊出時由報紙主編下了一個更震撼的標題：「我控訴！」。果然引起很多人民的迴響，大量支持德雷福斯的信件湧入報社，於是主編在報紙上提筆回應，留下一段非常有名的話：「所有來自各個領域的知識份子（intellectuel），為了共同的理念而聚集在一起，並且堅定不移地實踐這一個信念，這難道不是某種徵兆嗎？」

從此以後，知識份子（intellectuel）這個詞彙，在法國的文化傳統裡成為一種象徵，意味著具備現代意義的知識份子群體之崛起，這裡所謂的「現代意義」表示，文人是具有反省性的、能在公眾發聲的，並積極介入社會議題的。除此之外，「德雷福斯事件」的意義還在於兩造意見不同的知識份子社群會透過公共媒體集結起來，替自己陣營的信念發聲。這個傳統往後一直延續下來，成為法國學界的一大特色。

一九四五年十月，一個以存在主義觀點進行社會、政治、文學等各種研究的新刊物《現代》誕生，這個雜誌的負責人就是引領風騷達二、三十年之久的沙特，從此他的言論、著作等深深影響了當時的文人和一般大眾，同時，沙特也積極介入社會運動和各種公眾事務，並先後與卡繆、梅洛龐蒂（Merleau-Ponty）、雷蒙・阿宏（Raymond Aron）等人發生激烈的論戰。從上所述可以得知，法國的知識界各種當代人文思潮的精彩火花，都是從一場場對具體的現實經驗之辯論得來的。我認為這也是郭松棻想要藉由沙特與卡繆論戰所牽涉的種種意識型態與哲學糾結之清理，對應或折射出當時的大陸與台灣知識圈所存在的問題。這樣的梳理雖然是外部的，但核心關懷卻是他自身的境遇，是種借途「他者」的理解，釐清內在問題叢結的方法。迂迴但不迴避，繞道但有明確指向。

卡繆與沙特這場論戰到底從何而來？所爭為何？就郭松棻在文章中所展開的論點來說，是沙特主導的《現代》雜誌，於一九五二年六月刊登了一位年輕的評論家尚森（Francis Jeanson）的長篇書評，對卡繆當時一本剛出版不久的書《反叛者》進行猛烈批評，隨後卡繆也發文反擊，沙特當然後來也席捲其中，到最後原本相互欣賞的兩人，到卡繆死前都未曾在公開場合和好過，可見論戰裂痕之深。但兩人究竟為了什麼價值和立場之爭，不惜毀壞彼此的友誼呢？

沙特和卡繆的正式碰面是一九四三年，然而，更早之前，雙方就都讀過彼此的作品，法國解放前後，他們互動密切，經常有各種的對話與合作。一九四六年秋天，《正午的黑暗》的法文版問世，[5]作者柯斯勒（Arthur Koestler）隨即造訪法國，柯斯勒本來是共產黨員，後來因為實際面臨過組織的迫害而退出，《正午的黑暗》裡頭的主角魯巴蕭夫原本也是一個忠貞的共產黨員，可是在史達林開始整肅黨內同志之後，魯巴蕭夫也在這過程被害入獄，經過層層的肉體與精神拷問之後，他以莫須有的罪名被處死。柯斯勒的作品和立場對當時所有的法國知識份子提出一個明確表態的詢問，是支持或反對共產主義？

沙特當然是支持共產主義路線的，而卡繆則有所保留。卡繆寫於一九五一年的《反叛者》正是針對馬克思主義而來，此書的內容當然引起沙特陣營的不滿，於是發動了《現代》雜誌上的那場論戰。他們兩者之間的對立一直往下持續，延伸到對「阿爾及利亞獨立戰爭」意見的對峙。

自從一八三四年被宣布為法國領土後，[6]法國政府即鼓勵本地人民移居至阿爾及利亞，因此在阿爾及利亞這塊北非的土地上，從此就有不同的族群居住，包含阿拉伯人，非洲的當地土著和移民至此的法國人等。卡繆的父親即是最後一種。阿爾及利亞對卡繆來說，不只是政治上的法國的殖民地，更是情感上的故鄉。所以，當一九五四年阿爾及利亞內的一個組織「民族解放陣線」發動獨立內戰的時候，卡繆和沙特便以各自的立場和思考，提出對這場獨立運動的看法。

沙特所代表的左翼知識份子陣營是支持解放運動，反對法國發動戰爭。他高聲疾呼：「我們唯一能夠而且應當做的，在今天最重要的，就是站在阿爾及利亞人民的那一邊，把阿爾及利亞和法國人從殖民主義的暴政下解脫出來。」[7]一九六〇年，沙特甚至集結了支持者發表了一個宣言，成為當時支持獨立運動的主要聲音，而這份宣言的起草者，即是對卡繆的《反叛者》提出批判的評論家尚森。

卡繆的意見比較複雜，他不認同法國政府用強大的軍事力量去鎮壓阿爾及利亞，他也不贊成沙特他們支持解放運動的主張，他認為「獨立是感情用事，承認獨立，就等於把阿爾及利亞交給最殘暴的暴亂集團統治，也就是驅逐居留在阿爾及利亞的一百二十萬歐洲人。」事後證明，卡繆的擔憂是對的，阿爾及利亞於一九六二年獨立之後，原有的歐洲人，絕大多數均逃亡他國，甚至包括法國殖民之前就在這裡居住已久的十四萬猶太人，也被迫離開。總之，卡繆的立場在當時極不討好，他對政府的右派主張和沙特陣營的左派主張都不盡滿意，覺得應該有更好的選擇。但他的意見反而被兩方陣營圍剿，右派說他不愛國，左派說他搖擺，沒有跟弱小的第三世界站在一起。從此以後，卡繆的聲音慢慢淡出公眾輿論，埋首於自己的寫作。

這裡無意對他們兩人之間的思想體系進行過多討論，但卡繆所代表的自由主義立場和沙特所代表的馬克思主義立場之所以始終無法達成溝通與和解，背後實有一個更大的話語體制在影響與支配著兩者的言論與行動，那即是「冷戰結構」。這個二次大戰以來東、西方國家與陣營的長期對立所形成的主導性意識型態結構，導致許多知識份子被非黑即白的政治風暴捲入，「它（冷戰）需要所有人在一場正義反對邪惡的激戰中選擇立場——沙特和卡繆殊途同歸地淪為它的受害者……他們的分裂是因為他們成了二十世紀兩大對立意識型態之間的世界——歷史之間的「化身」。」[8]

這是非常重要的關鍵，讓我們回到郭松棻自身的因素，當他從中國大陸回到紐約，時間是一九七四年九月。距離剛剛發表的〈戰後西方自由主義的分化——談卡繆和沙特的思想論戰〉第一篇只有半年左右的時間，在這之後，他沉默了三年，宛如卡繆被昔日戰友沙特陣營苦苦相逼之後的情境。然而這三年的沉默不代表郭松棻的退卻，他反而更專注地沉浸在思想史的浩瀚典籍。一九七七年起他連續發表了數篇新的〈戰後西方自由主義的分化——談卡繆和沙特的思想論戰〉系列論文，可以看出郭松棻在那幾年吸收、消融西方哲學的成果，在此基礎上，他以新的視點對卡繆和沙特提出評價，從卡繆《反叛者》一書的觀點出發，認為馬克思主義有三大關鍵的問題：「一、形上學；二、終極目的論；三、總體論。」[9]

這個主義一旦淪為政治體制之後，它可以為最殘酷、最荒謬的措施辯護，一如原始基督教的救世懷抱可以一日變而為中世紀宗教法庭的凌虐冷酷。……當它挾持一元論那支無孔不入的利矛，鑽進生活的各個角落時，它也可以變成一種泛政治主義；……排除異己，生活政治化，思想定於一尊，這已經具備了極權主義的思想模式。[10]

表面上，這是對西方知識份子之間的思想論戰提出評述，但字裡行間強烈地流露著郭松棻對中國共產黨政權利用集權、專斷的方式實行統治的不滿。我們可以留意這系列研究的發表地點，是在香港的《抖擻》雜誌，郭松棻選擇在這裡刊登這系列的研究心得，除了是因那時他是國民政府的黑名單，無法在台灣的刊物自由地發表文章這個因素之外，《抖擻》雜誌還是後保釣時期香港留學生返鄉後與本地的知識份子創造出來的思想陣地，因此，郭松棻選擇在此發聲的內在動機，應是誠摯地希望對馬克思主義仍有期待的朋友們，不要放棄追尋的想望、並保有自省的能力，要嚴肅去區別，理想主義的思想和極權主義的政權之間的不同。

在同一時期，郭松棻以「李寬木」為筆名，也在台灣的《夏潮》雜誌連續發表了三篇擲地有聲的文章，不過，這一系列反而是檢討卡繆所代表的西方自由主義思想的問題。郭松棻在《抖擻》發表的文章，是站在卡繆的角度檢討沙特，而《夏潮》則是批判卡繆，兩系列的文章看起來相互衝突，在現有的郭松棻研究裡，有兩種角度嘗試著替這問題提出解釋，黃錦樹是從郭松棻思想的自我矛盾與衝突來理解，並以「倫理學上的失足」來替這系列文獻做出定位。[11] 魏偉莉則是以發表時間和寫作時間的邏輯，認為〈談卡繆的思想概念〉系列三篇，應該於郭松棻訪中國前就完成，只是發表在後，因為裡面對卡繆的批判式看法，比較接近〈戰後西方自由主義的分化——談卡繆和沙特的思想論戰〉的初稿。[12] 但若從郭松棻的書寫史角度切入，上述這兩種詮釋，恐怕未能完全掌握、切合郭松棻的關懷與問題意識之轉折。郭松棻對自由主義問題的關切，是個長期且具延續性的思索過程，從〈秋雨〉談及的殷海光，到《戰報》時期所寫的〈當頭棒打自由主義者〉、〈打倒博士買辦集團！〉等文，和參與釣運尾聲時期的力作〈戰後台灣的改良派〉等都是一系列思考的論述，一九七七年在《夏潮》發表的〈談卡繆的思想概念〉系列依舊是在這個譜系下顯示出他的問題意識的，所以，這一系列文章應該還是在從中國回來之後才寫成的。在郭松棻的理解脈絡中，台灣知識份子社群的主導性思想與困境在於自由主義，他才選擇這個議題繼續書寫。這和他在同一時期的《抖擻》清理馬克思主義的問題是不相衝突的。一個系列是反思中國的馬克思主義左派，一個系列則是反思台灣的自由主義右派。不同社會體制所形構出來的主導性話語，都對人民與其自由意志造成傷害，因此兩者都是郭松棻批判與反思的對象。

再以這次從手稿中整理出來的〈戰後西方自由主義的分化〉的結語為例，更可以明顯地看出，郭松棻借彼喻此的苦心，他說：

> 我藉法國存在主義內部的思想分化作為契機，透過卡繆這一邊的論辯提出了四個圍繞著馬克思主義的老問題，指出古典馬克思主義中過時的幾個方面，這四個問題是：
>
> 1. 無產階級和資產階級沒有兩極分化
> 2. 無產階級的人數沒有增加
> 3. 民族主義的空前高漲和國際無產運動的衰退
> 4. 科技發展造成社會階級的再劃分
>
> 在歐洲歷史和北美洲近幾百年的發展中，這些問題都不是驟然顯露、隨之即逝的現象，而都是具有將近一個世紀經歷的史實，除非憑藉權威指鹿為馬，或者開設宗教法庭審判伽利略們，否則這些都是難以駁斥的事實。半個世紀以來，共產黨們把馬克思奉為革命導師，墨守他百年前的經典，一步不敢跨越，結果他們的歷史解說經常出現時代錯誤的論斷，令人拿它沒辦法。[13]

顯然，在清理了從卡繆和沙特的論戰延伸出來的馬克思主義系列癥結之後，郭松棻企圖指出在中國大陸社會所實行的共產主義之弊病，究竟根源何在，並以蘇聯為例，「驗證一下它是否是馬克思心目中想建立的社會主義國家。」而這樣的檢視，仍是透過卡繆的眼睛來展開，發現在這樣號稱是實行馬克思主義的國家裡，依舊是由「黨的警察干涉科學發展」和「黨的理論家替無產階級規定歷史任務」。他並在文末預告，〈戰後西方自由主義的分化〉總題下的系列文章，可以算是一篇長序，接下來他還要陸續完成有關馬克思主義的理論與實際的文章。而這樣的企圖與準備確實也在他遺留下來的手稿中，發現了為數龐大的哲學閱讀筆記和許多未完整發表的論述，這部份的文件，期望日後能以哲學卷續篇的方式將之整理出來，這會對郭松棻重回小說寫作之前的思想進程，有更完整的理解與掌握。

哲學卷最後還有整理出一篇手稿〈沙特在哲學倫理學留下的空白〉，此文雖然也是未完成稿，但可以看出郭松棻對沙特思想的探索不曾中斷，從文章中提及沙特過世之前的最後訪談（一九八〇）即可得知，一直到一九八〇年代初期，他還在努力探索西方知識界的種種爭論與議題，並已留意到法國後結構主義的代表思想家傅柯和德國法蘭克福學派的哈伯馬斯等人的理論，同時，郭松棻依舊在文章中，非常清楚地意識到，他在異域中吸收各式艱深之知識與理論體系，都還是在關切著為何當時的大陸與台灣知識界，對於沙特的引介處於停滯狀態，沙特哲學的持續探索，和沙特晚年的思索究竟可以帶給我們怎樣的挑戰與啟發。

這本郭松棻文集哲學卷的編纂與整理，是作家龐大哲學手稿的起步，也是我們重新進入作家小說世界的另一個路徑，在這些文章中，我們讀到了一個深思遠慮的理想主義青年的苦澀與早熟，也讀到了從澎湃喧鬧的政治參與中回到經院世界探索哲學，蓄積思想的靜謐身影，一個對自己不曾鬆懈與妥協的靈魂，必定在許多思想的危峰中不斷攀登與擺盪，我認為，對理解像郭松棻這樣的作家而言，重點不在他是否鑄造了一個完整的哲學體系，或者對現實世界的困頓找到解答，而是每一次、每一類型態的書寫，都像是對社會與體制的種種提問。至於哲學與政治回答不了的問題，郭松棻選擇用小說做最終的回應與拚搏。

1.《郭松棻文集．哲學卷》，頁五七。
2.《郭松棻文集．哲學卷》，頁六一。
3.《郭松棻文集．哲學卷》，頁六四。
4. 這段歷史可以參考呂一民，《二十世紀法國知識份子的歷程》（杭州：浙江大學出版社），二〇〇一年，頁二一一—二一六。和麥克爾．伯恩斯（Michael Burns）著，鄭約宜譯，《法國與德雷福斯事件》（南京：江蘇教育出版社），二〇〇六年。
5. 此書有中譯本，見柯斯勒著，董樂山譯，《正午的黑暗》（台北：臉譜出版社），二〇〇六年。
6. 一八三〇年六月十四日法國進軍阿爾及利亞，一八三四年宣告阿爾及利亞為其屬地。一九〇二年建立了目前的邊界，一九〇五年才正式成為法國的殖民地。
7. 見呂一民，《二十世紀法國知識份子的歷程》（杭州：浙江大學出版社），二〇〇一年，頁二一〇。
8. 見阿隆森著，章樂天譯，《加繆和薩特》（上海：華東師範大學出版社），二〇〇五年，頁四—六。
9.〈戰後西方自由主義的分化——談卡繆和沙特的思想論戰〉三，《郭松棻文集．哲學卷》，頁一四八。
10.《郭松棻文集．哲學卷》，頁一四九—一五〇。
11. 黃錦樹的論述是這樣的：「雖不清楚郭這系列論文究竟寫於何年，但及發表時甚至文革都已結束，果如論者所言一九七四訪中後就已對中國幻滅。或甚至對馬克思主義幻滅？那又怎可能在接下來連續三年密集發表論文清算歐洲自由主義及重新『替無產階級規定歷史任務』……這種倫理學上的失足，不免顯露出作者意識型態上的自欺欺人。而此篇及下一篇（最後一篇）〈行動中的列寧主義〉，都是在重新為無產階級規定歷史道路，最後一篇更詳細的回顧列寧的革命，可是不知道為甚麼就沒有下文了。談不下去了？」（黃錦樹，〈詩，歷史病體與母性：論郭松棻〉，收於《文與魂與體：論現代中國性》（台北：麥田出版社），二〇〇六年，頁二五三—二五四。
12. 魏偉莉的論述是：「不過，在討論這篇文章（〈談卡繆的思想概念〉系列）之前，筆者必須先提出一個寫作時間上的疑問，那就是以郭松棻思想變化的脈絡來看，這篇文章的發表時間雖然是一九七七年五月，但是筆者認為真正的寫作時間應該遠比發表時間更為提前許多，關鍵在於郭松棻在這篇文章中對馬克思主義史觀表達了相當肯定的看法，這樣的看法比較接近一九七四年三月〈戰後西方自由主義的分化——談卡繆和沙特的思想論戰〉首篇，而與郭松棻在大陸行之後對馬克思主義的反省以及其後相關文章反而有著很大的差異。……在隔了二個月之後，對馬克思主義史觀的肯定卻轉為批判，因為在同年九月起，郭松棻再度在香港《抖擻》重新發表的〈戰後西方自由主義的分化——談卡繆和沙特的思想論戰〉系列文章的續篇，在這篇文章中，郭松棻一反以往堅強的左翼立場以及對卡繆的疾言令色，反過來重新爬梳卡繆在《反叛者》及一九五二年論戰中對馬克思主義的質疑和推論，對於馬克思主義的史觀反而有所反省。短短兩個月間，兩篇文章在對馬克思主義史觀的評價上持著相反的觀點，如果不是作者在數月之間產生巨大的思想改變，那有可能就是寫作時間與發表時間不一所造成的看似矛盾的現象了。」（魏偉莉，《異鄉與夢土：郭松棻思想與文學研究》（台南：台南市立圖書館），二〇一〇年，頁一二二—一二四。

13. 《郭松棻文集．哲學卷》，頁二一七—二一八。

沙特存在主義的自我毀滅

存在主義不是哲學，而是二十世紀的浪漫運動，因為它掙脫了馬克思的思想，而重新賦個體以價值，也因為它欲圖闖破學院的圍牆，在街頭市井直接建立一種實際生活的準則。十九世紀遺留下來的哲學到了這個世紀大半變成了不著邊際的囈語，而哲學體系在今日看來更似孩子們的玩具房子，雖層層架構，然而毫無鞏固實際的根基，不待從底曳之，即隨之靡倒。廿世紀的存在主義乞靈於尼采與基克嘉（Søren Aabye Kierkegaard, 1813-1855）而反對以往的體系哲學，闡揚主觀性的重要，這種反哲學的哲學其實並非始創於當今的存在主義，在西洋哲學史上，我們發現每個時代皆有這種態度的流派存在，只因往往都局限於一兩個慧根之有感而發，未能普遍感應，終竟不得當時的正視，唯到了本世紀，它的態度開始明朗，終於成為一種呼聲，一種聲討，挾其「主觀乃真理」之確信正面向歷史挑激，這便是存在主義的原始意義，其賦個體以無上的自由與珍視實與十九世紀初葉英國文學上的浪漫運動無異，所不同者，這個運動不是靠渥茲渥斯（William Wordsworth, 1770-1850）之自然的靈性來誘發，它是在涸渴的近代城市中成長，就耶世培（Carl Jaspers, 1883-1969）和沙特（Jean-Paul Sartre, 1905-1980）來說，存在主義更在戰爭的燄火中成熟。生活的重心失之在前，然後才肇始了存在運動。我們談存在主義和存在運動是略有不同的，談存在主義時，通常是談基克嘉、海德格、耶世培、馬歇爾（Gabriel Marcel, 1889-1973）以及沙特等人的哲學，不過談到存在運動時，除了沙特以上這些人——連馬歇爾在內——都不參與其中，當事者只是沙特一人以及他的朋友德布娃（Simone de Beauvoir）等人。這個運動醞釀於德軍佔領期間的巴黎，而光大於戰後。

不過，「存在主義」一詞至今殆已完全喪失其意義，它似乎不代表一種思潮，或一種生活態度，而竟淪為一種「戲詞」，甚至為「咒詞」，因為海德格、耶世培或沙特的論著遠非一般人所能了解或接受，一般人之認識存在主義，唯一的途徑是直接看沙特那些易讀的小說——充滿灰黯頹放的色彩；或得之於沙特本人和其弟子們的私生活——亦不乏敗行劣跡。結果存在主義在社會的眼光裡並非一種體面的思潮，在美國，甚至歐洲本土，它為普天下問題男女奉為生活的圭臬，大學教授講這門課時，還得向學生們諄諄闡釋它的本意，交代他們說存在主義並非沒有它正面的主張。沙特本人對這種滔滔流言亦示其痛心，在《存在主義》一書裡他舉了一個實例：[1]一個巴黎少女因一時心狹而出言不遜，事後頗為後悔，就自言自語道：「老天！我可能變成一個存在主義者了。」存在主義者成了大眾心目中的叛逆。而另一方面，卻也有人引存在主義為榮，法國某報一個爐邊閒談的專欄作者自署為「存在主義者」，以廣招徠。法國本土之誤解存在主義而至於斯，何況外地，而沙特本人在外人眼光仍多少是個叛徒，美國曾一度禁過他的書，而天主教至今還不准看他的書。

雖然如此，沙特仍有大量的讀者，為其祖護的批評家以及擁護者們視他為「戰後歐洲思想界的領導人物」、「人類困境的代言人」、「當今思想界的慧星」、「時代的呼聲」等等。然而沙特果真夠得上以上的稱呼嗎？

一、海德格、耶世培、基克嘉與沙特

其實不然，他的存在主義令我們失望，不是因為像多數的論家所詬病的，他的著作不夠深刻、不夠哲學，也不是其言詞過於放蕩鄙俗，或因其私德敗壞而至以人廢言，而是沙特本人的存在主義實非真正的存在主義，他唯一的主要作品《存有與空無》（*Being and Nothingness*）是存在主義的膺品——在這本書裡，沙特不自覺地出賣了自己。

我們說沙特不是一個真正的存在主義者，並非等於說海德格（Martin Heidegger, 1889-1976）或耶世培才是真正的存在主義者；其實，海德格自己一向就反對被列入這個主義裡面，他所關心的唯一問題是存有（Being）的問題，他的學生（Karl Löwith, 1897-1973）對他有如下的介紹：

> 海德格設法給下一代的學生一個全新的準則，讓他們了解「邏輯」、「理性」也者，必須在一種更為根本的追問之旋風裡始得解決；至於倫理學，文明或人道等等都非我們嚴格關切的問題，再者，人非理性的動物，而是一個狂熱的「存有的牧童」（Shepherd of

Being），而那些理論的構想，機械的構造——據說科學思想就堅基於此——正明白說明了主體性的陷落，它變成了相對客體性以及全然「客體化」的犧牲者。[2]

海德格從非科學的主觀性出發，然而他的目的卻想建立一座「存有」體系，這體系雖不至於如黑格爾那麼龐大，然而迷離錯綜的程度已至其極，他一面要拯救主體性的陷落——這種拯救被視為是「英雄式的」，另一面卻又要歸入客體性，其思路之奇譎實可歎為觀止，評論家們無以名之，就喚他為叛徒或，反思想家（Anti-thinker）。海德格與當今的邏輯實徵論者（Logical Positivist）一樣，排斥已往的形上學，然而卻基於不同的理由，邏輯家之斥形上學，因為它的一切命題均「無意義」，因為它們無法被付之檢證，而海德格則剛剛處在相反的地位，他之斥傳統的形上學，因為它以邏輯為基礎。然而接著他又反對它過於主觀，訾之謂「主觀性的形上學」，〔例如笛卡爾的形上學的基礎是意識（Cogito）黑格爾是心智（Mind）等等。〕海德格發現了已往的癥結——用主觀的方法將「存有」提升到客體的地位，易言之，本應視為主體的部份卻把它視為客體，海德格唾棄了這種變形，他要「存有」保有它的本來面目，他要「看」它源源本本地流露出來，在這裡，海德格企圖從主觀躍進客觀，將自己分而為二，第二個「我」退到後面去「看」第一個「我」做源源本本地流露，然而歸結到底，第二個「我」仍是「我」，仍是主體，海德格的「躍進」沒有帶他到明朗的平原，反而將他陷身於死谷裡，他的英雄式的掙扎將永遠沒有結果，海涅曼說，這種掙脫主體性簡直等於想跳過自己的影子一樣的不可能。海德格充其量只是一個哲學家，他雖然越過了職業哲人的藩籬而觸及我們日常生活的一些感觸——如不耐、不安、恐懼、死亡等等，然而這些感觸一旦落入他的手裡，就變成了「哲學問題」，於是加以玄思默討，戛戛獨造，遣用一些稀奇之言詞以建構他那座迷宮似的體系，他的哲學根本脫離了「生活」，不「生活」的哲人或文人是我們最忌諱不過的。海德格目前已不「生活」了，他隱退在德國的黑森林，「唯賴筆與紙來與人類保持連繫」，實在的，我們不需要海德格這一類隱居的哲學家。

相形之下，耶世培是比較了解「處境」（Situation）的一人。他本是主修法律的學生，後來轉入病理醫學，然而仍不能「解除他的疑惑」，終於不得已才步入了哲學的堂奧，他深深體念到哲學之無用，然而還自願投身進去，他自己說：「雖然我不斷的在讀偉大哲人的著作，我至今仍不信賴哲學，不過另一方面，科學的制限與知識的可能性卻明白的召示我哲學在我們生活中的重要與必要。」又說：「要想成為一個哲學家，對我來說簡直和想做詩人一樣，是件愚昧之舉。」[3]耶世培處於衰世，他的存在哲學根本是衰世哲學，他認為社會學，心理學和人類學都非根本之學，它們所探究的只是有關人的問題，而恆不能鞭辟入裡，直接觸及「人」本身的問題，耶世培放棄了「方法」（Method），認為在社會學的方法，心理學的方法或人類學的方法或其他種種方法之下所了解的人只是一個側影，而不是他的血與肉，治學可能要用方法，然而治人卻絕不能用方法，不然則將無法透入心之地下室，在這黑暗、膠黏的暗室裡，盤息著一條終古無法斬斃的巨蟒——埋藏在心底的一個永恆的不定。易言之，不能了解人的底細，耶世培拋棄了諸般方法之後，他立守一個原則——視人類與萬物為一種生命體來探搜。耶世培以一種特殊的知識來掠取生命的活動，來窺察生命的現象，在此，尼采那句意思含糊，幾被疑為在玩弄對仗法的名言「以藝術家的眼光觀察科學，更以生命的眼光觀察藝術。」驟然顯出它深沉的的內涵來。耶世培遭遇了人類精神上的破舟之痛，不過，他不像海德格那樣汲汲於想建立思想體系，因為有體系的思想不可能是存在問題，而「脫離了『存在』，去創造形而上的客體世界，或去闡解存有（Being）之根源，是毫無用處的。」[4]在這裡，耶世培暗指海德格哲學的徒勞，然而耶世培自己是否能成功？他的思想是否能穿梭無阻而毫無險境？其實不然，耶世培一樣有他行不通的死巷。

老子的「道可道，非常道，名可名，非常名」這種主客斷然之劃分以及不可知的確信，是存在主義者普遍的出發點，其中耶世培對此尤有深刻的認識，因此他不用方法（因為以方法所得之道不是常道。）不建立體系（因為在滔滔的生活裡，他發現不了條理綱目羅列有序的現象，相反的，卻發現了人的背理性。）耶世培在彷徨莫定的窘境裡，唯賴超越（transcendence）來應對一切的死結。以人類知識之有限，科學追求之不果，世界之非理性的起始點的耶世培，鑽營至今，仍是趦趄不前，躊躇無依，在存在哲學的領域裡，他沒有殺出一條解救之道（我們不視耶世培最近之放棄存在哲學而步入理性哲學為一種解救之道，我們寧視為是耶世培的敗死）。然而人絕不甘在這種不毛的困境裡坐以待斃，在墜於進退維谷走投無路之際，人每每就以一種宗教的情操來肯定其以前之所否定，於是當日的仇敵今日供之若神明，正像希臘悲劇的伊地帕斯王（Oedipus）一般，雖歷遭慘劫，老年又流落異鄉，終究他仍無勇氣承認整個生活的失敗，卻還憑著他「高貴的靈魂」來讚美世界、生命的美好，這是一種宗教。藏在耶世培的「超越」之外衣裡的，正是它。其實這種雖敗猶勝的態度是整個存在主義都共有的堅忍色彩。它也出現在古希臘悲劇，斯多噶哲學（Stoicism），俄羅斯虛無主義的文學，和當代的文學（尤其是法國的形上小說及戲劇）。阿Q精神必須視為人類普遍的弱點。

我們之所以先講海德格與耶世培，原因是這兩個德國人的問題也正是沙特的問題。只是彼此解決的方式不同而已，海德格一心於反科學的客體化，耶世培則乾脆放棄存在主義而跨入理性哲學，兩人都以哲學反治其哲學，不斷地在思想裡尋找他們各自的藥方，以治療他們的哲學創傷，沙特則不同，他以實際的行動來療治這些哲學上的絕症，潑辣的生活成為他唯一的藥方。沙特是雙面人，一方面他是受笛卡爾、基克嘉、海德格影響的哲學家，他的思想脈路奇異陡峻，雖不艱澀卻呈一片離奇古怪的景象，又常帶有一片頹放的氣息，他之誘人可能就在這點；另一方面，他是一個不知疲倦的行動者，隨時加入政治活動，隨時表白自己的立場，不模稜兩可，形象斬斷有明，僅僅這一精神，我們將沙特放在海德格和耶世培之上。

在行動中，沙特似乎很能了解什麼是「哲學」，什麼是「文學」，什麼是「生活」，而企圖將三者打成一片，然而一旦去看他的書本時，他令我們失望，看他的《存有與空無》一書，其文詞之刁滑誇張，幾令我們懷疑沙特是否真的把握住了存在問題。他的書本留下了太多「逃避」、「掙扎」、「創死」的痕跡。

一八四六年[5]基克嘉在哥本哈根孤寂地創造了一種新氣氛，這種新氣氛就是來日存在主義的靈源之一。在這一年基克嘉揭穿了黑格爾哲學之妄誕以及壟斷當時歐洲思想界的理性主義，系統哲學之空泛。黑格爾是當時的代表作家，他逞其條頓民族向有的霸氣，以其武斷的辯證法來創造他的歷史哲學，來構畫他的太陽系，並將之應用到文學、藝術之上，黑格爾挾有了「絕對觀念」，在宇宙中瘋狂地架起了層層相因的「偉大體系」。基克嘉發現黑格爾這座大廈是架空的，是海市蜃樓，他的一套辯證法無非是痴人的夢囈，基克嘉截然分清「邏輯的系統是可能的，但是存在的系統卻不可能。」[6]這種不能成為系統的存在既是基克嘉所樂道的一堆情緒感受——不安、戰慄、恐懼、致命之病痛、死亡之畏怕等等。另一方面，基克嘉雖是基督教徒，然而他追求上帝之路卻顯得渺茫長遠，且充滿了崎嶇與荊棘，他反對一切的教堂、宗教組織以及職業化的主教們，他的追求上帝，和托爾斯泰一樣，是一場戰爭——個人和上帝的殊死戰，上帝不能用「追求」得之，只能用「征服」、「虜獲」而得之，基克嘉的宗教狂熱不因上帝之「遁走」而冷卻，他一生冥心潛進，必得上帝而後休，因為他了解如果上帝不得，人會淪入如何悲慘的境地。

嚴格地說，沙特繼承了基克嘉的精神——理性哲學之叛離和上帝之難以追求。不過沙特是個公然的無神論者，而基克嘉是個虔誠的基督徒，那麼我們說他們的精神相承是否矛盾呢？其實不然，沙特雖自稱是無神論者，他是有上帝感的，或更中肯地說，有上帝的壓迫感，只是沙特頑強的推拒祂而企圖以人代神而已，就這點說，沙特的存在主義和尼采的超人哲學一樣，是上帝死後，人類的悲鳴。

沙特繼承基克嘉而叛離了十九世紀的理性哲學，且沒有上帝加以「庇護」，結果惶惶然墜入不定、焦躁的淵藪，在這種四顧無依，左右失據的情況下，直接的情緒感受成了唯一的真實，其他那些虛幻的理性、架空的系統等等均屬睡眠與死亡。沙特的哲學或文學就是個體面對著這種絕滅而掙扎的實錄，形而上的病痛與堅忍激發了他的存在主義。

沙特成長在蓋世太保的時代（一九四〇至一九四五年，沙特的代表作品《存有與空無》

就是這段德軍占領時期的產物。）他參加地下抗德運動，在「地下」身歷了生活的「否定面」，「我必須死，我必須受苦，我必須掙扎，我毫不留情地將自己投入罪的漩渦。」這句話是耶世培用筆寫出來的。沙特卻用他的生命直接去體驗它，基克嘉的思想和地下抗敵是形成沙特哲學的兩大背景。

《存有與空無》一書是虛無論者的哲學，「空無」（nothingness）是貫穿全書的根本概念，我們必須從虛無的觀點去看這部書，才能顯出它特有的意義來，而了解全書所具有的挑激性；虛無主義是近代歐洲人最深切的一種感受，每個時代所必遭遇的死結，然而從文藝復興以還，卻未見被嚴格地檢討過，在沙特的《存有與空無》裡，我們第一次看到了這種嘗試。這或可以說是沙特最引人正視的一面，不過，在這裡我們必須問的是，沙特成功了嗎？如果沒有完全成功，那麼成功到哪個地步？他為什麼不會完全成功？

二、虛無、劃割、沙特的哲學遊戲

沙特生活在嘔（Nausea）的世界，什麼是嘔？嘔是一種發現，發現「在這宇宙之中，沒有任何什麼，絕對沒有任何什麼，能夠證明我們存在的價值。」由此我發現了「無」、「無」進入我的存在而駐紮於存在之中，我對「外界」有所詢問、有所要求時，它總以沉默來回答我說：「不」（No.）。當我每陷於逆境，或死亡威嚇我時，環我之大地永遠沉於靜闃，上帝永遠保持默然，這種上帝不仁以萬物為芻狗的現象促使我作嘔。在《存有與空無》一書裡，沙特舉了一個例子：彼得在咖啡館等我，我要去找他，然而到了咖啡館卻發見他不在，本來以為「在」的彼得而今卻「不在」，這種「不在」，這種「由有化無」的遭遇，如一把利刃，直刺進我的心，我的情緒遂起了強烈的變化，於是在我的眼裡，整個的咖啡館也為之改觀了。這裡，「空無」變成了一種「實有」向我拋過來，我確實地經驗到它。如此「無」不停的穿梭於「實有」而幾乎代替了「實有」。「無」是沙特在生活裡的第一個發現。

沙特在解釋「無」時，全部用了笛卡爾的物我二分的方法，他認為之所以會「無」，主要的還是由於我自身使然，「無」「不待外求，它就存在實有的懷裡，像一條小蟲般存在它的內心。」沙特把存有（Being）分為兩種，「本然存有」（Being-in-itself）和「自覺存有」（Being-for-itself），「本然存在」是無意識的存有，永遠呈一種靜止，自足的狀態，依如一塊石頭就是一塊石頭，一張椅子就是一張椅子，易言之，它是「我」之外的客體世界。「自覺存有」是指人的意識而言，它是活動的，永遠呈向外伸延、左右擺動、超越自己的狀態，它能擺脫我區區之肉軀，忽而躍至明天，忽而遊於昨日，甚而能憑風御虛馳騁於「其大無邊」的天體，這種能超越自身以及時空的制限而飛展於外的意識，就是虛無的根源，亦既沙特所謂的那條不定的小蟲。

意識存於我之內，不過我並非就全然是「自覺存有」，照沙特的解釋，「我」有兩層意義，第一層意義的我是無意識的「本然體」（in-itself），例如當我發癲癇之笑，或慟哭流涕之際，我是保持在「本然體」的狀態，不過，一旦我意識到我的笑或我的哭時，我就驟然越入「自覺體」（for-itself）。生性敏感的沙特在這裡也感到了「化無」（Nihilate）之痛，由自足堅固的「本然體」，由於意識作用而突變為浮動游離的「自覺體」，在沙特看來，是由有化無，而這種不愉快的「無化」，或說是「否定化」就成為我們的意識狀態，這是沙特的「我」的第二層意義。第二層的我就是經常的我，也就是說經常的我是浮游不定的，用沙特的話說，既是存有之脆弱（fragile）。然而人不耐久處於這種不定的虛無裡，他希望能永遠達到自足穩定的本然體，而成為「自覺本然體」（for-itself-in-itself）。易以日常用語，就是成為「上帝」，如果人果能如其所願而個個成為神的話，則一切問題就不會發生了。卡繆（Albert Camus）說，如果我是一棵樹，則一切的問題將不存在，因為我已變成了世界的一部份，或說，我已變成世界。[7]沙特認為人類的存在是一種欲做上帝的奢望，然而總是顛沛於半途，而未能達其所願，「人類的現實就是欲成上帝的全盤努力，然而卻沒有努力的根基，也看不出朝這方面努力的跡象。」人類高攀為神既不成，卻反而墜入了虛無的陷阱，結果人「無非是一堆無用的熱情而已」，他注定永遠會失敗。

沙特的感覺不止於虛無，和卡繆一樣，他已進入了荒謬的世界。內心之涸竭和追求之不果，造成了沙特的「自我剷割」（Self-estrangement）。「人的內在渴望著幸福和條理，不過他卻面對著世界這一片不可解的沉默，荒謬就在這種內在的渴求和外在的背理之間誕生了。」[8]繼而人又發現世界與我之間橫臥著一條不可跨越的鴻溝，這種「我」、「世界」、「荒謬」之間的關係，卡繆稱之為「怪誕的三位體」（the odd Trinity）[9]。沙特在「自覺存有」之不定，之虛幻，之永遠自我超越以及無法達到「本然存有」之穩固狀態裡，經驗了他的「嘔」，他的「自我剷割」。其實「自我剷割」是普遍的一種現象，對自己發生陌生感或覺得與世界隔離是人皆有之經驗，只是在今日的歐洲這種現象已達到可怕的程度，海涅曼認為這是集體的力量太大，以致使個體生活在「自我剷割」裡。其實未必盡然。我們認為這種隔離之產生多由於認知問題未得解決之故，科學到今日又開始被人懷疑，不可知的氣氛又開始籠罩人心，結果沙特筆下的羅昆丁（Roquentin）走進公園看到了大樹，內心遂起了「此果樹乎」的疑問，這個無法獲得解答的問題令羅昆丁起了嘔的惡念。將這種知能癱瘓的劃割現象描寫得最深刻的，不算沙特，也不是卡繆，而是早一輩的卡夫卡（Franz Kafka, 1883-1924），他在《變形記》（*The Metamorphosis*）裡，描寫的就是這種「自我劃割」：格里格一日從夢魘中醒來，發現自己變成了一條大蟲，整個的蜷伏在床上，繼之發現自己的行動吃力，言詞不清，家裡人發現他變成了大蟲，就把他鎖在睡房裡，格里格被困在斗室裡，就整天吃力地在地上爬，忽而爬上窗口，懵懵然看到對街的銀行大樓，覺得它似乎與往常不太一樣了；忽而爬到門口，聆聽外面的動靜，覺得他的父母正在客廳裡竊竊私語著他。格里格的妹妹偶而進來看他，拿東西給他吃，對他說些安慰的話。格里格僅賴這位妹妹來與「外界」保持連繫，然而卡夫卡所描寫的這位妹妹卻是年幼無知，強梗武斷，且每每私心自用的女孩，凡此種種都使得格里格無法真正了解外界或與之溝通，格里格的母親進來與變形的兒子談話，格里格只能用表情，動作和不成聲的言語以對，他的妹妹將這些動作翻譯給他的母親，然而都翻譯錯誤，以致母親無法真正了解自己兒子的心意。卡夫卡以這位妹妹來象徵人類知能之專斷與無效，說明求之不可能，世界與我之永遠隔離。廿世紀的人開始懷疑自己，懷疑自己的知能，懷疑自己的感覺，懷疑自己的能力。卡夫卡就將這種人類擱淺的遭遇寫成了廿世紀的神話。

生活在荒謬世界的沙特，雖沒有變成一條痴騃的大蟲，卻不斷地反胃作嘔，「荒謬不是我腦裡的一種觀念，也不是一種聲音，而是一條細長，僵死的木蛇，捲纏著我的腿，說它是蛇、鉗子、利刃或樹根都行，不待將一切認清，我就知道我早已發現了有關自己的存在、自己的嘔吐、自己的生命的線索，然而就在那一片刻，一切我曾握有的都變得澈底的荒謬了。」在沙特的荒謬感覺之下，含有三種感覺：苦悶Anguish、孤獨Forlornness、絕望despair。有人問他這些感覺似乎是當前環境下，人類所共通的意識狀態，或可謂之「時代精神」，沙特斥之為謬說。他在《存在主義》一書特地解釋這些感覺不是莫名的情緒浮動，而都是其來有自的，苦悶，因為我必須單獨的行動，我是自己的立法者，我處於完全無助的境遇裡；孤獨，因為上帝不存在，人類找不到贖罪的地方；絕望，因為我不能隨心所欲，我被囿於人的可能性裡。沙特力排「時代感受」之說，因為他看出一般人對他的存在主義總是斷章取意，率爾比附，甚至那些終日耽溺於咖啡館的蕩子們每喜挾「存在主義」赫赫之名以自許，而到處作絕望、苦悶狀，以為乃是「時代精神」或是「世紀之病」使然。沙特在這本小書（本為演講稿）裡就針對此點而發，他提出「存在先於本質」（Existence precedcs Essence）一點為存在主義的首義來揭明絕望孤獨等感覺，「存在先於本質」既是否認上帝的存在，沙特認為，在人誕生之前絕沒有上帝這種超然的有在預先替我們擬好了人類的本質——生命的意義、任務、目的等等。人的本質必是我們先誕生、先存在，然而才自行決定的。這點實不是沙特的創見，無寧是無神論者的常識而已，不過他以這點來揭櫫他的那些情緒感受而層層加以推演，故成了沙特一個重要的關鍵。

在沙特的「存在先於本質」的推演之下，「苦悶」、「孤獨」、「絕望」等等已不復是一種情緒感受了，它們變成一種概念，而所謂的「時代精神」、「世紀之病」等等在這種意義之下，也都成為戲論。

以上是沙特存在主義的肇始，由此得知，嘔、苦悶、孤獨、絕望、劃割是他胸中的塊壘，而空無是他思想的基層，沙特以此發展下去，不旦絲毫不見有較明朗的境地出現，甚且處處遭破舟之難而淪入絕途，雖然如此，我們卻不能詬病沙特，因為他的存在主義根本就是一種宗教，而無神的宗教所信仰的就是矛盾與堅忍，矛盾在邏輯家是最大的忌諱，然而在托爾斯泰、紀德、卡繆和沙特等思想家說來並非可怕的事情，基克嘉甚至說矛盾才是偉大思想家的標誌。他們這些人皆是杜斯朵也夫斯基所謂的Grand Inquisitor，他們認清為求更根本的問題，矛盾是無可避免的，矛盾或可說是必然的現象。至於堅忍，沙特卻不能持久，甚至於他根本就放棄它而把自己出賣了。沙特這一點失敗可以由《存有與空無》一書中，內容與形式，主題與文體之不一致看出來。本來沙特是由主觀的情意出發，然而他卻企圖採取客觀的陳述法，結果整部《存有與空無》的言詞變得不倫不類，非驢非馬，況且沙特的存在主義完全奠基於這本書，所以書裡的這種病也就完全代表了沙特本人思想的病。在談這種病之前，如果我們先看沙特思想背景的三層轉折（由追求之不果，而虛無主義，而主觀感受），則亦能看出他出賣自己的步驟，或其存在主義之所以遇難之脈絡途徑。

十八世紀德國的雷辛（G. E. Lessing, 1729-1871）說，如果上帝的右手握有全部的真理，而左手握有對真理之永恆地追求的話，他寧要上帝的左手；西歐的知識份子自己佈下了層層階級，由底而上地不斷超拔，仰而企之，俯而承之，而名此種行為真理的追求以求自慰，實則其內心的野望，如沙特所謂的，是想做上帝。浮梅（Stanislas Fymet, 1896-1983）如此寫道：「藝術，無論其宗旨為何，終究都陷入與上帝競爭的罪孽裡。」[11] 其實圖與上帝競爭的何止於藝術，老年仍鬱鬱不樂的浮士德，一生戎馬的拿破侖，傳火於人類的普羅米修士（Prometheus）或徒勞一輩的希西法斯（Sisyphus）等人都是上帝的勁敵，他們都欲窮人類的全部可能性而成為一種至高的征服者——這是近代歐洲精神。然而這種精神有歸宿嗎？沙特發現人類無法成為上帝，「人無非是一團無用的熱情而已」，這並不表示沙特的絕望，人雖當不成神，但是在不思的行動中卻能得到補償，沙特和其他的歐洲人一樣，終認識了沒有目的的可以滿足你的追求，（沙特本人所得的回聲是沉默的不）。追求的彼岸既無任何目的或意義在等待著，則追求的過程本身就是目的，就是意義，雷辛之寧願要上帝的左手，正說明了這兩件事：第一，真理不可得。第二，追求真理比真理本身更為刺激，這兩點認識既是歐洲的幻滅，同時也正是他們的制勝。

不疲地向外捕捉，而提神於太虛的浮士德精神（或歐洲精神）很容易轉入虛無主義，因為真理遙不可及，人類的全盤努力完全徒勞無功，空餘滿腔內心的渴欲向大塊之茫茫，不過這種虛無並非沙特的歸宿，沙特深深了解浮士德的信仰——奮勉者永不會失落，終於直往而前的創揭他的行動倫理學，勢如久疲的困獸，嘶喝一聲，一躍而前。虛無主義成了沙特行動的動因。

由真理之不可追求而成為虛無主義，再由虛無主義轉入主觀主義，是一種自然現象。

為何主觀主義？之所以主觀主義者，因為認清科學無法解救人的問題，無法滿足老年的浮士德的渴欲，無法阻止雷納的自殺。雷納是莫泊桑的短篇小說〈散步〉（*Promenade*）裡的主角，一個孜孜工作的小市民，在一個名叫拉菩公司裡當了四十年的夥計，每天在潮濕，昏暗的窄室裡，彎著腰將自己埋在簿冊上，從早上八點鐘直到夜晚七點鐘不停地工作著，每年賺著微薄的薪水，每年渴望著加薪，然而將這些錢好好地流通，以便小錢生大錢，雷納就這樣地生活著，他的境遇不容他娶親，因此在這一輩子裡他沒有過女人，每天和數目字打著交道，沒有其他的思想，雷納就這樣的生活著。但是有一天，問題發生了，這一天雷納早下了班，從公司裡出來時，落日的光輝將他眩昏了一陣子，然而這卻使他的心情高爽，於是就在臨街的酒店裡吃了晚飯，且喝了些酒，雷納那老人的精神仍出奇的鑠悅，就步入布樂業林子裡去散步，問題就發生在這裡。在夜色裡，他看到的是男男女女的身影，聽到的是喃喃痴語，而撞到的盡是向他兜生意來的夜鶯，這幕景象令雷納茫然失措，四十年來孤獨平靜的生活頓時瓦解，「一切所為何來」這問題突如其來地闖入了他的思想，雷納開始想著以往、現在以及晚景的蕭條，就失神地在林子裡走著走著；第二天，有一對小夫妻到林子裡散步，年輕的太太抬頭望著樹枝上的一件東西，驀地驚叫一聲就昏倒在丈夫的身上，不久警察來了，將這件東西解下，發現是一首屍體，經檢驗後得知屍首是昨夜上吊的，而死者被證明是拉菩公司的司賬夥計雷納先生。

莫泊桑最後以「大家斷定致死的原因，是由於一種無法揣測其理解的自殺」一句來結束全篇，作者用一種平靜沉著的語氣來述寫這位老人平板無奇的生活（甚至描寫當夜在樹林裡因觸景而起的心理變化，所用的語氣仍照常低沉），以顯露急轉直下的心理變化予人以不露痕跡之感，由此表示了本身構成的脆弱與不穩定，生活雖平靜，但是內心的「地震」（基克嘉用語）卻隨時伺機而發，卡繆說自殺「如一件偉大的藝術作品，在內心裡靜靜地醞釀著，當事者毫不知悉，然而在一晚上，他突然扣了扳機或跳樓而死。」[12]在自殺與科學之間，存在主義選擇了前者，它放棄科學、邏輯、而採取了一種曖昧、不確然、近乎文學的語言來檢討生活的得失，維也納派的邏輯家們貶斥存在主義之語言毫無意義，以及觀點太主觀，然而耶世培與海德格也有他們私自的見地，認為邏輯實徵論是一種逃難，它並不代表一種深沉穩健的思想，只是暴露他們空乏失神的麻木狀態，它迴避了人生活中的諸問題，而埋入語意、邏輯等「無關生命」的研究，「實徵論成為一種面具，裡面隱藏了他們自己貧乏與窮途。」[13]實在，存在主義與邏輯實徵論是人類兩大疑難所迫使之下，努力出來的結果，邏輯家企圖解決知的問題，而存在論者卻關心生命解脫問題。彼此攻擊對方無啻表示自己的局狹與短見，卡納普（Rudolf Carnap, 1891-1970）將形上學放逐於文學的領域而以邏輯為哲學的正宗實未能消弭問題，形上問題之為問題照舊存在，甚至可以說於今為烈，存在主義之廣為流布即一證明。

從懷疑科學放棄科學，而採取主觀主義，並非一種逃避，或一種避重就輕的勾當，倍立特（William Barrett, 1913-1992）認為從笛卡爾以來的近代哲學都在追問一個問題，即是主體如何才能了解客體。他說：「到康德的時代（雖然從笛卡爾起物理的知識有所進展），人類的心智仍感到與自然有極大的隔閡。因此康德的答案是主體永遠不能了解『客體本身』（object-in-itself），由此一個小步驟再發展到尼采，他乾脆宣稱對『客體本身』的知識是毫無必要的，我們所需者只是有力地去控制它，因此權力意志（Will to Power）成為首要問題。（就沙特來講，其首要者無寧是行動意志。）」[14]可知如尼采等人的主觀主義實是一種無可奈何的自我限制，堅決的自囿，因為他們了解人類知能的制限。斯多亞派所說的「我乃萬物之權衡」或叔本華截然肯定「世界乃我之觀念」不能視為是自誇的浮詞，其實是他們無可奈何的強詞，在這些話的背面，深藏著他們不能以私智來窺透宇宙綱理的蒼涼。這種物我二分，客主不透的疑難，老子僅用「道可道、非常道、名可名、非常名」類似先知的口吻道出，存在主義之所以採取主觀主義實有其深遠的背景。

然而說尼采是主觀主義者並不確鑿，奇怪的地方是，一個了悟行動之重要的思想家如沙特者，在《存有與空無》裡，他居然表示對倍立特所謂近代哲學所關心的問題不加以關心，這裡我們並非表示對近代哲學所關心的知識論問題加以關心的才算哲學家或思想家，而是想指出，如果沙特果真沒有感到物我之不透，自然與人類的隔閡，則往後，他企圖建立的行動哲學實無法予以解釋，或賦以價值。他之了悟行動之重要，似與尼采之了悟自然之不可了解而創權力意志說的主觀主義一脈相承的，如果我們暫時撇開《存有與空無》一書，而去看他的《何謂文學》、《存在主義》、《嘔》、《波特萊爾》等書時，我們可以明白看出沙特思想之發展的三層轉折：由追求之不果，而虛無主義，最後成為主觀主義者，其脈絡甚顯。然而一旦回到《存有與空無》這部大書（促使沙特成為存在主義首腦的唯一著作）時，他就背叛了主觀主義，他無法忠守卡繆所謂的「在這個荒謬的世界裡，我們只能去經驗，只能去描述」的原則，「只能描述」對職業哲學家如沙特等是一種考驗，堅守此一信念所須付的代價是堅忍，沙特無法堅忍下去，「哲學的文體」在誘惑他。要知沙特是一個哲學系的大學畢業生，他熟知以往哲學家的「哲學思路」和其所用的為哲學所特有的文體，而深為之魅惑，故當第二次大戰進行中的五十年代，沙特心有所感而發之於筆端時，仍無法擺脫哲學的誘惑，在《存有與空無》裡，他用盡了招人驚注的「哲學方法」與「哲學語言」以壯其聲色，例如整部書他採用了胡色爾（Edmund Husserl, 1859-1938）現象學的方法，在討論「無」的問題時，他採取了黑格爾的辯證法，而在討論意識時，他採取了笛卡爾的二元論以及佛洛依得的心理學，他一再的用「方法」來處理的本題根本就違拗了存在主義之視主觀為唯一真實的精神，這也就是我們說沙特不是真正存在主義者的理由。俄籍的存在主義者波地也夫（N. Berdyaev）說：「唯有在主觀裡，我們才能了解存在，而非在客觀裡。我認為在海德格與沙特的本體論裡，這個中心觀念早已喪失。」[15]海德格之所以喪失這個觀念，是為追尋「存有」的深邃本涵所必定的步驟，不問海德格的道路是否行得通，總歸他是表示在追尋。然則沙特之喪失這個觀念實是出於好勝鬥奇所致，他缺乏卡繆那份超拔的精神和冥心直進的毅力，或波地也夫的真誠樸實，處處虛謙的態度。卡繆由早年的《希西法斯的神話》到往後的《反叛者》，一共十年間他仍堅守著「只能描述」的信念，在《神話》裡第一頁，卡繆就說：「以下所要處理的是荒誕的感受」，書裡又說：「我並不相信理性，如果在這本書裡，有任何條理或系統的處理的話，那只不過是常識而已。」「感受」、「常識」僅僅這兩個名詞，我們就可以看出卡繆是深深體認客觀知識之不可達，而不得不採取絕對主觀主義的思想家，這也是他自己雖否認是存在主義者，而論家常喜歡將他談進去的理由。拿卡繆與沙特這兩個曾站在一條線上的朋友來比較，更能看出沙特存在主義之失真，其文體言詞之浮華誇耀，之力求哲學化，只能表示他喜歡吊書袋及不甘寂寞的淺膚，Walter Kaufmann（1921-1980）說了沙特一句話：「悲哉！沙特在咖啡館裡，觀察到裡面的侍者在『有意的扮演侍者的角色』，而覺得自己必須扮演哲學教授的角色。」[16]

看《存有與空無》一書時，我們時時可以覺察到沙特在「扮演」，他奇詭險峻的思路，充滿哲學色彩的文體，表示他在玩「哲學遊戲」。

沙特的氣度跼促，巧言令色，遠非一般人所想像的是時代的代言人，或是立心立命之輩。凡了悟存在主義真意者都會看出《存有與空無》是存在主義的贋品，因為其主題雖是存在主義的範圍，然而其文體卻反存在主義，沙特就被挾在主題和文體的衝突之狹縫裡，而失盡了他的本來面目。

三、Negation, situation, Freedom，沙特的困死

如果我們說存在主義是一種浪漫主義的話，則我們最能在沙特的自由概念中窺其端倪。

沙特認為人的「自覺體」正是自由的表徵，它能超越一切時空的制限，如羽化登仙，從其興而隨時窮宇宙之極，不過這種幻境裡的自由不是沙特嚴格的自由概念，充其量，「自覺體」只代表著趨於自由的傾向。

沙特的自由，是上帝死亡的結果，他一再的表示「人先存在，先在這世界出現了，然而才自己界定他的本質。」沒有上帝干擾的意義下，人是自由的。或更確切的說，他是注定自由的（man is condemned to be free.）：每個人必須抉擇自己，塑造自己，創造自己的道德，「任何一個人都不能靠公共的倫理觀來支撐自己。」[17] 按沙特之真正的生活是個人主義的生活——個人面對著茫茫大地不斷地創造自己，且不斷地對自己負責，一切對外界的妥協必視為自欺（Self-deception or bad faith），他的小說《理性的年代》（*The Age of Reason*）中的主角馬修，一個存在哲學的教授，他發現自己陷於如下的窮境：

他是自由的，能夠為所欲為，像一隻獸或一件機器一般，自由的接受，自由的拒絕，自己的搪塞，他能隨心所欲，任何一個人沒有權利去忠告他。世上沒有善惡之別，除非你

> 自己發明了它。他單獨地生活於絕對寂寞之中；自由孤獨，絕沒有輔助，也沒有托詞，注定要自行抉擇，無法依賴旁人，他注定永遠是自由的。[18]

個體在沙特的國度裡有至高的地位，然而卻沒有內在的實權實力，他雖放逐了上帝，卻不能自己取而代之，結果解放了的個體處於自由之中，如滄海之一粟，只能浮沉其間，而無法把握自己，沙特的自由概念一開始便染有這種悲劇的色彩。Marjorie Grene寫了一部介紹存在主義的書，書名是《可怕的自由》，這種可怕的自由，堅苦的個人精神——或浪漫精神——是沙特自由的第一層涵意。

沙特的自由不是與宿命論相對的自由意志。我們發現宿命論或機械論是一種輕鬆的看法，一種安樂椅上的哲學，從課堂裡的教授至街頭的三輪車夫，我們都可聽到宿命的感慨。法朗士曾寫過一篇故事：一個年輕的王子一朝登基做了國王，他就突然感到對本國的歷史有加以一番了解的必要，以免愧當了一國之君，就召集了國內名家學者進宮編纂一部本國史，以供他閱讀。數十年過後，果然一部內容詳盡的本國史誕生了，不過，國王認為過於冗長，抽不出時間來仔細看，就下令刪減，又十幾年過去，刪減本完成了，然而國王仍認為太長，再令刪除，如此三番兩次的修改，如今國王已垂垂老矣，而理想的刪減本仍未完成，時光飛逝，終於國王臨到臥病垂危的關頭，學者們認為國王絕沒有機會再去看書了，然為遂其宿願，乃推出一個代表以口授代之，這位代表走近了國王的床緣，看到他老人病苦的容貌，絕不囉嗦，只用一句話囊括了綿亙千載的歷史來訴說給國王聽，他說：「人出世，他受苦，然後死去。」

這個寓言之所以感人，全在於它的通俗，它引起我們的共鳴，因為平常我們感萬物之生老病死，怖天地之乍有乍無，不免在冥冥之中，若隱約看到「主宰的模式，將萬物引之而出，之後離之而去」，於是宿命論、宇宙機械論由之而生，而在哲學史上，針對著這些論調而做反論的「自由意志」，其本質與思路實與宿命論同，它們都忽視了現實，所以在重視「處境裡的自由」的沙特看來，宿命論也好，自由意志論也好，無非是張目話囈，毫無意義的空論。沙特的《處境裡的自由》說白一點，就是實際生活裡的自由，它不是掙脫主宰後的自由，而是一種與強權對峙的自由，在無神的天地裡，沙特其實只感到了存在的釋然，而在二次大戰的納粹的壓迫下才真正的經驗到自由，他在《沉默的共和國》一書中所描寫的就是這種自由——處境裡的自由。以下是沙特自己的聲音：

我們從未比德軍占領時期更為自由，我們喪失了一切的權利，從說話的權利開始。每天我們被指著臉侮辱，然而卻不得不無言的忍受著，他們製造了種種托詞，或當做工人，猶太人或是政治犯，把我們成群地放逐。在廣告欄、報紙、電影上隨處我們都可以看到同胞們令人嫌惡和枯燥無聊的照片，這是我們的迫害者要我們看的。正因為這些，我們是自由的，因為納粹的毒液滲入我們的思想裡，結果我們每一個精確的思想就是一個征服，因為那些不可一世的警察強迫我們不能說話，結果我們說出來的每個字就有宣布道義的價值，因為我們被壓制，我們的每一個動作就有莊嚴的實踐的重量。環境雖是殘酷的，我們仍持續著狂熱的、幾乎不可能的存在，這是被視為人的命運。

放逐、逮捕、特別是死亡（在較安樂的日子裡我們所不敢面對的）都成了我們所關心的日常對象。我們了解，這些不是不可避免的意外，亦非經常的不可避免的危險，而是應被視為我們的遭遇，我們的命運，我們作為人的真實性的深邃根源。每一個瞬間裡，我們都深切的體念那一句平凡的話：「人是會死！」我們每個人對其各自生命的抉擇是一種真實的抉擇，因為我們皆面對著死亡而完成各自的抉擇，因為這種抉擇可以用如下的話來表示：「寧死也不……」此地我所說的，並不限於那些實際從事抗敵的高貴的人們，而是說所有的法國人，在整整四年裡，在白晝與夜晚的每一個小時裡，他們都回答以「不！」然而敵人的極端殘酷把我們逼到了盡頭，使我們自問一些平日永遠不會考慮的問題。參加我們的抗敵運動而了解一切底細的人員，都焦慮地問自己，「如果他們用刑拷我，我能夠閉口不說一句話嗎？」

如此，自由的根本問題出現了，我們被領到人類了解自己所能有的最深透的知識的邊緣，因為人的祕密不是他的「伊利帕斯情緒」，也不是他的「自卑情緒」，而是他的自由制限，他抵抗苦刑與死亡的能力。

這一個奮鬥的情況給那些從事地下活動的人們提供了一種嶄新的經驗，他們不像軍人公開的戰鬥，在任何的情況下，他們都是孤獨的。他們孤獨地被打倒，孤獨地被逮捕，他們挺身反抗苦刑，孤獨而赤裸地面對著施刑人……一切都孤獨，這是全然的寂孤與殘酷。他們聽不到一句鼓勵的話，然而在孤獨的深處，他們正衛護著其他的人，其他一切抗敵的同志們。完全孤獨裡的完全責任——這豈不正是自由的真意？……如此，在黑暗與血之中，一個共和國建立起來了，那是一個最堅強的共和國，裡面的每一個公民都知道他應對其他所有的人負責，但他卻只能依賴自己，他們每一個人在完全的孤立中完成他們歷史的責任和任務，每一個人站起來反抗迫害者，自由而堅決的去成為他自己。在自由中抉擇了自己，即是替眾人抉擇了自由。這個沒有制度，沒有軍隊，沒有警察的共和國，是時時刻刻都要由法國人面對著納粹主義去爭取而肯定的。沒有任何一個人曾經失責，而現在我們到了另一個共和國的門口，但願這一個將於廣闊的陽光中建立的共和國能保持那個沉默與黑夜底共和國的樸素的品德。[19]

沙特所處的時代正是韓波（Jean Rimbaud, 1854-1891）所預言的「謀殺時代」，他用「沉默的不」（Silent No）來抗拒德軍的迫害，而體驗到深沉的自由。很明顯的，沙特的自由不是和宿命的必然對峙，只與強迫對立，易言之，他的自由，沒有自由意志的涵意，而是投入「極端處境」（Extreme Situation，耶世培語）下的個人意識。這種處境下的自由即是沙特自由的第二層含意，他的自由也可說是「生活」或「行動」裡的反抗行為，它必須從否定的一面才能了解：由推拒和反抗而自由。沙特被稱為否定性的哲學家正緣於此點。

沙特存在哲學是處境下的哲學，是實踐的哲學（Committed philosophy），他在評介卡繆的《異鄉人》（*The Stranger*）裡，他說：「按卡繆先生看來，人類存在的悲劇端在超越之絕跡。」[20]

在沙特自己的存在主義裡我們也發現了這種絕跡，沙特從不飛揚，他是趨下的；尼采要人「超越你自己」，沙特卻要你「委身」（Commit yourself），你必須奔入處境裡，或奔入行動裡，廿世紀的英雄不再是羅亭，「口的巨人，手的懦夫」成了一般的禁忌，如果我們拿沙特和早他一輩的紀德（André Gide, 1869-1951）比較一下，我們就可以看出這二個人正代表著兩個不同的時代，而兩人之間正是歐洲近代（從文藝復興至廿世紀初葉）和當代的分界嶺。紀德也熱衷於自由之獵取，一個極端的個人主義者——用近乎他自己的話講是背德主義（Immoralism）或納希沙士精神（Narcissism）。在《背德者》（*The Immoralist*）一書裡，紀德的主角是米歇爾，一位歷史學家，在追求「自我」。他發現「文化，雖是人類生活的產物，卻也是生活的破壞者。」[21]同樣的，社會、民俗、家庭、教育、宗教、書本等等都被他視為是他追求自我的障礙物，他努力的叛離這一切，超越自己的生活背景和自己的「過去」，而解救出真正的「我」（成為眾目下的叛徒——背德者。）紀德這叛離精神是直接繼承於哥德與尼采，然而紀德的背德主義是否能實現？依他自己看法（和哥德、尼采一樣）這種追求雖甚艱難但是會成功的，《背德者》全書以米歇爾之妻馬色玲之死來結束，馬色玲代表著社會傳統的一面，她的死正說明米歇爾之勝利，然而如果按沙特的存在主義看來，紀德無非是在「談玄」，他超越外界的一切，叛離生活的背景以及過去，結果紀德或米歇爾勢必生活到真空裡去，然而真空不正也是一種背景嗎？如白也是一種顏色一般，而且只要紀德一住下來，它會馬上的開始影響他，規範他，那麼紀德是否會再叛離？如果再叛離，要逃到哪裡去呢？

沙特稱紀德毫不懂什麼叫處境（Situation），紀德的自由或個人主義是絕不可能的，他的超越可說是一種逃避處境。相反的，沙特卻奔入處境，他的自由和個人主義是在德軍迫害下體驗出來的，沙特步海德格之後塵認為如果要談存有，必須談世界裡存有（Being-in-the-world）；要談人，必須談世界裡的人（man-in-the-world）才能奏效，超越了世界的人只能存於理論中，或書本之中，卻不能生活於現實裡。紀德有時被呼為歐洲文明的最後代表人，從以上所談看來，紀德的確是最後的一人，因為再下來的沙特根本反對歐洲精神，他更背道而馳，甚至有意歸還到古希臘而重建其悲劇精神。沙特摒棄了近代歐洲的經院思想，他企圖在街道上直接豎立他的市井哲學，奠立他的生活準則。他說：「存在主義必須用來生活，做為一個存在主義者不只是將存在主義寫在書裡，主要的是要依據它的觀點去生活。」[22]

然而沙特在這裡卻有他死的一面，他強調處境在思想裡之不可或缺，這無可非議；或甚至是沙特令我們激賞的地方，然而他沉迷不悟，沉溺於「極端處境」而終不能自拔，結果以偏蓋全，視特別情狀為人之恆態。沙特在大戰淪陷處境裡，體驗了人生的浩劫，然而他無意描寫人面對著這種浩劫所持的態度或他的掙扎與奮鬥，如希臘的悲劇作家或同時代、同處境的卡繆那樣。他卻寫了《存有與空無》，縱其渾身之才華，心理分析的眼光，強梗的論斷，嘮叨的舌辯，和拉丁民族慣有的文藝氣息，來刻劃他生活於其中的狂暴世界，如果作為一種特殊情況的記錄看來，沙特是成功的，如他的《沉默共和國》一書的成功一樣。如果要以這種特殊情況來道人類的常態，則沙特不能算成功，《存有與空無》就說明了沙特這種哲學企圖的失敗，他談他私自處境下的自由，以為那便是人類的自由，他談他私自經歷的人類關係〔沙特認為人類相互的關係只有兩種類型——虐待狂（Saohism）與被虐狂（masochism）〕，以為就是人類恆常的關係。在《存有與空無》裡，我們發現沙特毫沒有一點自覺，他那股以偏為全的蠻勁與霸氣從頭撐到終結。一九四〇—一九四五的極端時期把沙特整個的蠱惑了，他的眼睛看不到另外的世界。這一點，卡繆似乎早有自知之明，他不時地逃出來，以免黏死在那種特殊的處境裡，一九五二年沙特與卡繆發生了一次筆戰，沙特如此地咆哮道：「然而我問你，卡繆，你那樣超然處之算是誰？」[23]莊子以為入世而不為世俗所困是天下的大智，如是者，沙特既缺乏這份大智，他全然的自囿於極端的處境裡，終困死其中。

四、行動、行動倫理學、沙特的死巷

尼采早在一個世紀前就發現歐洲哲學根基之不穩，預言佛教將在歐洲盛行。斯賓格勒（Oswald Spengler, 1880-1936）在一九一八年赫然昭揭《西方之衰敗》而呼嘯西方人應注意中國哲學與印度佛學，然而到今日，西方因種種的理由仍未將東方的思想移植過去，卻自己先創造了一種佛教——存在主義。沙特的存在主義和釋迦的佛教尤為相近，只是沙特的解脫之道仍十足的帶有歐洲色彩而已。佛教既悟人生苦海之後，乃空乏智理，鏟除六根，至虛守靜，而終以空無為依歸。沙特（或普遍的西方人）絕無如此滌蕩情見，忘懷塵寰的情愫，他解脫不安、焦慮、絕望的藥方不是至虛守靜，相反的，卻是行動。在虛無的真空裡，沙特深深的體念到「行動乃是唯一的真實。」

沙特深怕人家誤會他的存在主義是一種無為主義（quietism），再三的強調人生出來，要不斷地抉擇自己，塑造自己，而不斷地負責自己，以至於死，「人無非就是他自己的計劃，只有他在履行自己時才算存在；因此人無非就是他自己行為的總合，無非就是他的生命。」[24]

行動成了沙特解脫虛無，或克服「嘔」的唯一方法，沙特不但在書裡如是表明，同時又在社會生活裡付諸實行，耶世培與海德格在行動這一點實令我們失望，雖然兩人在書裡大談人類的罪惡、不安、破舟之痛、死亡等等，然而他們的生活是平靜的，或說他們根本沒「生活」過，尤其海德格一生不斷的「隱退」（他的加入納粹黨亦可視為一種「隱退」）和在書裡的他直扮若兩人，Kaufmann說：「雖然他們（指海德格和耶世培）的呼聲是尼采和基克嘉的呼聲，然而他們的生活卻是康德與黑格爾的生活。」[25]這種書本和生活之間的劃割，可以用來直接貶降其哲學的價值。沙特也有他自己的劃割，不過和他們不同，沙特的劃割只在他的書裡表現出來——主題和文體的不一致。此外，他的存在主義和他的生活是息息相關的。沙特潑辣地生活尤可從他的政治與文學活動中看出。

在二次大戰巴黎淪德時期，年青的沙特，和卡繆一樣，是抗德運動的領導人物，（其時他們都未成名，當時的文壇鉅子紀德逃避了戰爭。）我們從Knopf女士描寫抗德時期的卡繆，就知道這種地下工作的艱難與危險。「當時，他只有卅一歲，參加了法國的反德工作，戰鬥報是當時的地下報紙，雖是兩大張油印的格式，卻別具一種英雄式的氣概。第一批戰鬥報的編輯人員被德軍的秘密警察逮捕且被處以死刑。在一九四二年年底，卡繆加入了第二批而一直工作到一九四七年，在這危難的時期，卡繆最好的社論就在幾乎每晚都要搬家的地下印刷廠印出來，而他自己還要幫忙分發報紙，有時打扮成尼姑，或教士，或小伙子，或種種其他裝飾，然後騎著腳踏車到處分發。」[26]沙特同樣地鋌而走險，在亂世裡，挾其唐吉柯德的精神狂烈地生活著。

戰後，沙特又有一件震撼遐邇的活動，他要組織一個非政治性質的共產黨，他對共產黨主義有信心，然而對社會主義的共產黨沒有好感，沙特自己說他不是一個共產主義者，因為他無法接受黨的教條，而且深知有朝共產黨在法國得了勢，他的生命將不保。沙特的組黨受到各方的抨擊，也終沒有成功，然而沙特的魄力，他的企圖將他一己的信念直接帶入生活的膽識，正是我們雖看出其著作之病痍仍與他很高評價的原因。

沙特的文學創作也是他行動的主要形式之一，不過文學不是他的避難所，尼采如此疾呼：「藝術，藝術啊，我們有藝術，才免得為真理而死。」而沙特的文學卻要為他的「真理」說話，沙特有他一己的文學理論，他反對詩，因為詩只是一種魔術，詩人只是個魔術師，他「拒絕以語言為工具」而卻以它為目的。詩人比較接近音樂家和畫家，他關心的只是音樂性，而他製造的只是畫面，他不是一個「真」的探討者，詩人可以描寫人類極悲慘的景象而不對讀者負責，因為其最終目的在求音調之美與意象之活躍，其詩裡所言之悲慘絕非他關心所在，或竟是連詩人自身也未經歷過之生活，沙特不喜歡詩人就在其「大言不慚」，他這種反詩態度可以加入從柏拉圖，而巴斯卡，而基克嘉，而托爾斯泰，而桑達耶拿（他認為世界只有三位真正的詩人，即是他所謂的哲學詩人，Lucretius、但丁、哥德。）這一刻優秀的傳統，沙特只能欣賞一種文學，他名之謂Litérature engagé（目前尚未找到適當的中文譯詞，香港有人譯成「入盟文學」極為不妥。）

所謂Litérature engagé，並不是有人以為的要「每個作家應參加一個派系或職工組合，或多或少追隨其信念，參與社會的活動，並應面對其所處之時代，研究現實中的具體問題，決定加入一派系參加戰鬥，故謂為『入盟文學』」，沙特似乎還沒有如此將文學社會工具化。他的確贊成「社會的寫實主義」（Social realism），因為他的存在主義根本就是以社會的實際行動為首要者。他真心希望的文學是誘發於作者對人類真誠存在（authentic being）的積極追尋，作者對人類生活（行動）諸問題有緊扣的關切意識，「我們認為作家必須全然地介入他的作品裡，作家不是一種鄙俗的被動體，只將他的罪惡、逆運或弱點一味的推入自己的作品裡便算了事，他是一種斷然的意志，一種抉擇，我們應該在一開始就關心這個問題，而同時也該輪到我們自己問：『為何而寫？』」[27]

為何而寫？「為藝術而藝術」的文學被這群虛無論者兼行動主義者們（除沙特外，包括有卡繆、德布娃、馬荷André Malraux等人）棄之如敝履，尼采那種以文學為避難所的觀念亦不被接受，沙特的*littérature engagé*沒有明確的形象，它有正面的要求，也有其社會性，不過不是社會或派系的工具，它和托爾斯泰的文學觀相近，不過沒有托氏那樣處處以良心道德為準則，因為沙特根本還無法正面的建立他的道德，勉強地說，沙特是以自由與行動為其批判文學的準則的，依他這種文學理論，美國的Dos Passos（1896-1970）成了最偉大的作家。

如果我們捨其理論，再看他文學創作本身的話，我們又經驗了一次劙割的失望，沙特的文學創作（除去一兩本劇本外）徹頭徹尾的是一個失敗，其情感之浮動，文詞之囂張，技巧之雕琢已至其極，沙特的第一本小說*Nausea*是他個人色彩最厚的一本也是被認為最成功的一本，然而其聲音喧囂，情緒放縱，如和他青年時期的摯友卡繆之處女小說*Stranger*一書相較，有如軒輊之別，同是以人類生活的荒謬性為主題，卡繆的聲音卻是沉著的，情緒收斂到一種寓言的氣質，卡繆這本小說除了中間五聲槍聲之外整部是沉默的，他就用這種無言的聲音來描寫生命的無意義，鞭辟入裡直透入我們的內心，令我們確實感到了人生荒謬的一面，沙特的小說卻不能，他描寫的世界與其是荒謬，不如說是紛擾。其他的小說還有他的*The Road to Freedom*，本是三部曲形式，現在改成四部曲，而Barrett先生擔心它會變成無休止的百部曲，只要沙特那份瘋狂的創作力能持續的話。這四部曲（前三部已完成於十年前，而第四部至今尚未寫出）中的第二部The Reprieve全以技巧取勝，沙特運用了Dos Passos描寫的方法——不照時間的次序描寫（chronology），而是同時處理（Simultaneous technique）。且直接受了電影剪接方法的影響，沙特巧妙地應用了he或she等代名詞來製造懸疑，在描寫兩對主角的段落之間，他不提主角的名字，而只用he或she把它帶過去，結果我們以為還在描寫第一對主角，其實沙特已經轉進第二對了，正如電影上場與場之間，以一個特寫來銜接一樣，這一個特寫我們本以為是第一個場之連續，然而等到鏡頭拉遠，出來中景與遠景時，我們才知道已經進入第二個場了。沙特就用這種手法來描寫二次大戰法國總動員前夕，一般人心惶惶，密雲不雨——有如緩刑的罪犯——的心理狀態。然而在一部冗長的小說裡，連續不絕的運用一種技巧，未免令人厭煩。且沙特操縱不能完全自如，斧鑿痕跡太顯，嚴格地講，也是一部失敗的作品，到第三部的*Troubled Sleep*，沙特還續用了前一部的一切作風，同樣的未見有什麼成功，雖然批評家們對此書有較高的評價。

文學創作是沙特藉以行動的主要形式與處所，他的底處是一個虛無論者，一個嘔的病人，然而他絕不像奧布羅莫夫（Ivan Goncharov, 1812-1891所著*Oblomov*的主角），奧氏是個澈底的虛無論者，他認定了萬事皆空之後，就放棄了一切，絕斷一生的欲念，沒有社交活動，沒有職業，沒有家後，沒有生命，只是飽食終日無所事事，結果養成了一股懶勁，他的住所堆滿了灰塵，無事就睡覺，（I. Goncharov要費整整的一大章，才夠描寫奧布羅莫夫單單起床的一個動作）。沙特不是這一類型的虛無者，他是個憤怒的叛徒，如古希臘憤怒的英雄阿契立斯（Achilles）一般，與其蹉跎於世，默默以終老，不如投入戰爭的漩渦，死於榮光，雖其死而何憾？阿契立斯這種精神是虛無者的另一典型，沙特正屬於這類，以瘋狂的行動來強治他虛無的絕症，這是沙特唯一的生路，尼采說：「一切存在的意義喪失淨盡之後，尚留有積極的否定，這便是歐洲人所信仰的佛法。」

沙特的政治活動和文學創作就是挾這種積極的否定而為之的，在他的哲學裡，他也正想建立這種行動倫理學，然而沙特沒有一己的道德準則，他的「上帝不存在，人自己抉擇自己，塑造自己，負責自己，人注定是自由的」充其量只能是他的行動倫理學的原則或基礎。且沙特這種自由是真正的自由嗎？這種自由能在現世裡被人主動地達成嗎？

沙特所講的「處境裡的自由」只是一種反抗行為，在反抗裡體認個人的價值而已。這種倔促且充滿了負性的自由絕不能以為是人間世普遍應有的自由概念，他圖以「完全孤獨裡的完全責任」來界定自由，顯然是失敗的，這個定義沒有它的普遍性，只有它的歷史性，它只能是納粹德國的照妖鏡。不過沙特的另一層自由——「可怕的自由——」的概念卻似乎具有了普遍的意義，然而唯一的難題就是沙特無法自主地操縱這種自由，他在描寫這種自由時恆用被動的語氣，例如「人被拋進這個世界」、「人（被）注定是自由的」等等，可知他雖否定上帝但仍留有一股無名的受制感，而不能完全自立（這正是前面說沙特不是無神論者而是反神論者的原因），沙特陷入了他自由的泥潭，這種自由也正揭露了沙特的形上困境——人無法達到真正的自由，或說，無法成為上帝。

杜斯朵也夫斯基對這種困境有一種奇特的解決方法，這個方法他稱之謂「邏輯化的自殺」（Logical suicide），「受蠱者」（*The Possessed*）一書裡的Kirilov就是以這種自殺來完成他的自由的渴望，他認為上帝無非是人類因懼苦畏死所召喚而來的鬼魂，因此為達成真正的自由，人類應解脫死亡的畏懼，而解脫這種畏懼，最著實的方法就是自戮，如此則上帝就不復存在，而人終於達到自主的，真正的自由。結果Kirilov以手槍自殺，以證明其自由。這種邏輯的自殺誠荒謬之極，然而卻是歐洲唯一被提出來以解決形上之病的方法。

沙特沒有接受這種斯拉夫式的解決方法，他無寧更接近荷瑪，以暴烈的行動來否定形上的困擾的虛空，然而這充其量只是一種掙扎，而不是自由的實現，更談不上握有自由或操縱自由。在行動裡，沙特沒有一己的信念或道德觀，結果陷入杜斯朵也夫斯基所謂的「如果上帝不存在，則我們什麼都可以幹」的混亂世界，虛無論者一旦喪失了一切道德準則後，他不但什麼都可以幹，而是他什麼都想幹，直到他擁有世界為止，這是一種征服，而征服正是如阿契立斯之類的虛無論者的唯一生活方式。如果說浮士德是近代歐洲悲劇的縮影，那麼唐璜（Don Juan）就是當代虛無主義者的典範，在古老的西班牙傳說中，唐璜是美男子，他的情人沒有正確的數目，據說至少在一千人以上，每一個女人都對他說：「終於，我給了你真正的愛情。」好像唐璜在以往的情人中從沒得到真愛似的，其實他每次都能將女人征服了，所以每當女人對他說這句話時，他心裡總是如此回答：「不，並不是終於，而是再一次，」唐璜是永遠不能滿足的人，他離開一個女人，不是她不再愛他，或他開始厭倦她，而是他還想再要另外一個，唐璜沒有選擇，他所渴欲追求的，與其是質不如是量，這一點就是他比浮士德更為悲慘的地方，唐璜精神正是今日沙特的存在主義的病源。沙特，一個虛無論者，只提出自由、行動來構成倫理基礎，則他的倫理學不是質的倫理學，而將是不堪設想的量的倫理學，或說，這根本不是倫理學，因為量不是倫理的要素。

蕭伯納說：「生命中有兩種悲劇，一種是不能隨心所欲，另一種是隨心所欲。」這兩種悲劇正可說明沙特存在主義進展的兩個境界，他企圖掙脫不能隨心所欲的悲劇，想不到掙扎後卻又陷入另一種隨心所欲的悲劇。以上所談皆是沙特思想的根本要點，在褒褒貶貶之間正說明了他的存在主義有活的一面也有死的一面，其實發展到目前，他的存在主義紛擾多於明晰，創傷多於成功，這與其說是沙特本人的弱點，不如說是人的弱點，因為存在主義所追問的不是經院的哲學問題，而是著重實際的人生問題。

我們說沙特自我毀滅，有兩層意義：第一，即是以上所斥的，沙特在主題與文體的衝突下所成的自我毀滅，第二是沙特思想發展下的自我毀滅，在與上帝長期鬥法之間，沙特慢慢的將自己養成一個性惡論者，在後期的作品，如*Lucifer and the Lord*或*Saint Genet*中，沙特成了一個散布罪惡的教師，其毀人毀己已到可怕的地步。不過他這種自我毀滅的思想，我們並不視為謬說，而是認為它有部份的真實性，他的掙扎的傷痕亦即是我們普遍的傷痕。他的搖墜於半途的存在主義驅迫我們去追問如下的問題，「今日我們需要哲學嗎？如果需要，是哪一種的？」

原載《現代文學》第九期，以本名郭松芬發表，台北：現代文學社，頁五—二十八，一九六一年七月。

1. J-P. Sartre: ***Existentialism and Human Emotion.*** The Wisdom Library P. 12
2. 摘自F. H. Heinemann: ***Existentialism and the Modern Predicament.*** Harper Torchbook P. 216
3. W. Faufman: ***Existentialism from Dostoevsky to Sartre*** P. 132
4. K. Jaspers: ***Man in the Modern Age***. Anchor Book P. P. 177-178
5. 此年基克嘉出版***Concluding Unscientific Postscript to " Philosophical Fragments"***一書
6. R. Bretall: ***A Kierkegaard Anthology.*** P. 196
7. A. Camus: ***The Mystry of Sisyphus***, Vintage Books P. 38
8. Ibid., P. 21

編者註

1. 此文本附有很長的註釋表。《現代文學》刊登此文時，因雜誌篇幅有限，只印至註8，餘註未刊印。
2. 此卷內英文人名註為編者加。

這一代法國的聲音：沙特

在當代諸般形態的作家中，沙特是最焦慮焚心的一個。他的內心不是一座灑脫而穆穆的靈臺——很多人在追求這種境界。他卻永遠的要投入人群，投入問題，投入糾葛。他的哲學，有人鄙薄；他的文學，有人詆毀；他的心理分析，無人正視；然而沙特仍在那裡，在我們心向的扇形弧內，在我們視覺的拋射線內，他沒有被漠視。他的作品弊端橫生，無論是哲學或文學創作，幾近乎不容於學院內，然而我們仍舊沒有捨棄他，這是為的什麼？在我們的時代裡，沙特算是誰？「沙特是典型的現代法國知識份子」，「沙特無疑的是我們時代最引人關懷的思想家之一」，如何而典型？如何而引人關懷？我們要勾勒出他的形像來。我們如果能一筆而中要害的把沙特的形像勾勒出來，我們必須側重於他的態度，勝於他的作品；他的聲音，勝於他的言詞。因此這裡的評介，要環繞著他在這個時代所持守的態度。

「存有與空無」

沙特思想的歷程，到目前為止，大致可分為兩個段落，並以一九四六年為其思想旅程的轉捩點。前一期所流露的是理想的色彩、文學的氣質，所關心的是個人的心理、意識以及些微的道德（個人道德）問題，後一期所流露的是現世的熱望，有強烈的人群的氣息，所關心的漸次由個人的內心轉入社會的、政治的問題，更進而仰慕能涵融整體人類行為的準則，但這兩個時期的思想卻有共同的骨架，一脈相承的精神，沙特仍舊是沙特，並沒有給我們判若兩人的感覺，雖然沙特是一個千面人。

一九四三年，沙特出版了《存有與空無》（*L'Etre et le Néant*）一書，而成為存在主義的代表者之一，然而何謂存在主義？這是難以應對的問題：Heidegger, Jaspers, Marcel或Kierkegaard各有其私自的思想而不必與別人共通，然而論者每談及存在主義的時候，他們諸人必被召喚於一堂。今暫捨彼等思想內含的共通性或相異點，而僅就其思想的態度，人性把握的方針加以釐清，我們可以簡略地說：

一、它背叛西方傳統的哲學，由於傳統的學院哲學是超然而不關心人事的，因此存在主義欲圖闖破學院的圍牆，在街頭市井直接建立一種實際生活的準則。

二、賦個我以無上的價值，珍視個我性，崇尚自由，因此存在主義可說是廿世紀的浪漫主義。

三、強調人性的真誠，竭其所能從社會習俗習慣中，從定型的文化囹圄中，解救出人性的本有面目。

四、在不安、殘缺、昏瞶的環境中，共同流露出一種探求完美的緊張，因此宗教的情操濃過科學的氣質。

這都是存在主義態度中的犖犖大端，在這四義之下，沙特的《存有與空無》一書即露出癱瘓之色，因為在此，沙特力逞哲學上的才華，分析上的技巧，更援笛卡爾之物我二分法，胡色爾的現象學，結果成就了這本分析精細、徵引廣博的厚書。

行動的自由

在《存有與空無》一書中，沙特指出個我一己的自由如隔離了生活的背景就非真正的自由，「人是全然而永恆的自由，或說人根本不自由」，因此個人的、意識的自由是空虛的，不能落實於現實的。沙特的自由是行動的自由，「從來哲學家不斷的爭論著宿命論與自由意志，並引經據典的去證明，卻從不分析行動一念的內含是什麼，那是令人驚奇的。」他的自由的概念必與境遇（situation）、行動、責任等概念相連而後可解，而將這些概念闡解得最完備而有力的卻不在《存有與空無》一書，而是在《何謂文學》、《沉默的共和國》、《反猶份子與猶太人》等書。沙特非韜光避世，超然獨立之輩，他菲薄這樣的人，他要介入人群，並且行動，依據自己的選擇而行動，因為沒有神或先存的意志能讓我們依附，或挾之以為我們行動的圭臬，人要自己選擇自己，塑造自己，人先存在，而後決定自己，因此你就是過去自己所行所為的一切總合，除此以外別無他物能規範你的意志。「存在先於本質」，神是絕對的癱死了。沙特就塑造了如此孤寂的個我，無以引援，無以攀附，其淒涼一如墮落自天堂的天使一般，然而卻挾有一股奇特的英雄氣概，沙特給我們一個逼真的實例：在二次大戰，德軍占據巴黎時期，每個法國地下工作人員都有被捕的可能，如果被捕，每個法國人要問自己：「在蓋世太保的酷刑下，我能不出賣同志嗎？」在這種境遇下，人才面對了自由的問題，在殘酷的刑房裡，真正的自由誕生了。這種自由，依沙特之意，才是真正的自由，然而卻是令人悚慄的自由，或稱之謂「可怕的自由」（Dreadful Freedom）。沙特的小說《自由之路》，即是由假自由到真自由的一連串實錄：主角Mathieu是個教授，先是過著隨心所欲的生活，全然不關心自身以外的生活，全然不負責任；他遺棄了已懷孕的情婦，再追求自己的學生，在咖啡館裡過著昏天黑地的生活，全然的超然，全然的不介入任何境遇，只是一個教員，最後，他開始對這種游魂的生活不自在起來，覺得這樣的自由是引入自我毀滅之途，此時正遇大戰爆發，他起初仍躊躇，不願介入戰爭、介入政治、介入行動，總覺得自己是無辜的，戰爭是有罪的，還一味的我行我素，其真正的得救，真正的體認到自由之本義，是在德軍占據了巴黎之後，侮辱了法國人，他才加入了地下工作，由此他才領悟了真自由的涵意，他握著機關槍對著德軍瘋狂的猛放時，他體味了自己的解放，而每顆子彈射出的聲響，就如「自由」兩字的聲響，給他的內心一種「自由！自由！自由！……」的連響。這就是所謂：「行動即是自由。」

介入境遇的文學

在一九四六年以前，沙特關心的是人內心的意識，他的照明燈是內射的，精密分析，戛戛獨造他的體系，以成就他的《存有與空無》一書，其旨趣是違反存在主義的根本態度的，因此波加也夫（Nikolai Berdyaev, 1874-1948）認為他不是真正的存在主義者。但是，這個時期，沙特的心向雖然是內射的，但他對現世已有熱誠，這可以由此期較次要的作品中覺察到，尤以他對文學的態度為最。他唾棄為文學而文學，他不相信有唯美、能唯美，他所企望的境地是：能訴諸於筆墨的也必能行之於行動。此外，作家的言行要一致，不能「同翫其辭，行違其旨」，力避「無行」，力避作文字遊戲（詩人常有這個危險！），因為戲狎文字是一種耽溺，他要文學有正面的姿態，能在市井街頭起作用，這是一個存在主義者的熱望，「存在主義必須用之以生活，且生活得很真誠，存在主義者的生活即是隨時為這個信念付出代價，而並非僅僅將它寫成書就了事。」沙特這句話對許多文人學者是個當頭棒喝，不願自身所處的境遇，不顧自身所處的政治、社會、國家，不顧自身所處的潮流，所處的時代，而一味鑽營技巧文字，這是死亡之途。這類作家，在英美作家或臺灣此地的作家中我們不難找到。沙特需要的是能介入境遇的文學（Littérature engagé），他仰慕的是社會的寫實主義，以期對社會人群的改善有所裨益，沙特這種文學的理論或理想與其自身的文學創作卻有一段距離，他的創作可以說是失敗的，但是沙特是有文才的人，他的文才因其文學的理想而被迫犧牲了，沙特究竟為何要將文學（哲學亦然）帶入這樣的一條絕境呢？（我們說「絕境」，因為沙特謀殺了文學！）究竟又為什麼嚴斥唯美呢？這自有他深厚的依據和理想的，與沙特有共同懷抱的作家亦不乏其人，如Malranx, Camus, Macleish, E. Wilson, G. Orwell, Ortega Y. Gasset或Rimbavd等都深深體認到今日文學能力的薄弱。認為今日的作家多是陰性的、說故事的，浸淫於文字美、音調美、景象美等等技巧上的問題，仍舊是喜愛看星星的，此等作家如遇一二同好，就喜而結為黨，進而自覺其乃文壇中人，漸漸地養成一種文壇意識，終而遊心此壇中而與外界隔離，這是文學的死路，智識份子的崩落，沙特很有理由不喜歡這類作家，因為這不是看花看月、看星星的時代，這是「謀殺的時代」（看那些獨裁者的猙容！）這是瘋癲的時代（看那些人！蹲得很低很低的在跳扭扭舞，且發出歇斯底里的笑。）我們很匆忙，我們整個白天工作，我們趕車，我們沒頭沒腦，在這樣的時代氣候，沙特有理由憂心起來，而捨棄那班不關心現世，一味張眼話囈的文壇人士，G.Orwell說將來「將不復有情感存在，有的僅是恐懼、憤怒，勝利及自甘墮落，將沒有藝術，沒有文學，沒有科學，在美麗與醜惡之間不復有分別，有的只是狂熱，如果你想看看未來的景象的話，想一想一隻靴永遠踏在一個人的面孔上那種情況吧！」（崑南譯文）「進步」的觀念破產了，西方在崩落，東方緊跟在後面，西方有先見的智識份子想向東方發出SOS。但東方掙脫不了西方，因此大家都在一個舟上，駛向瘋狂，駛向歇斯底里亞，文學救不了，哲學也救不了，沙特開始遺棄了它們，他開始求援於政治，在這種極端關切現世的熱情之下，他開始由個人的意識，情感的專注漸漸地轉出，而去關心歷史、政治。這是沙特思想歷程中的「出埃及記」，因為一九四六年後，他的心整個的向外開放了，再沒有《存有與空無》所流露的內向性，細密而頹放的氣息，往後的作品具有另一種姿態：樸實、剛硬，氣勢是灼灼逼人的。

一九六〇年沙特又出了一本主要作品《辯證理性批判》（*Critique de la raison dialectique*）這部書尚未完成，將是沙特思想後期的顛峰之作。沙特否定了歷史的機械論，他仍舊賦個我以血與生命，他的論證仍然從個人的意識開發，使個我不致淪為社會的犧牲品，他批評當代馬克斯主義者的理論是死滯的，只是一種「經驗的人類學」。沙特要的是一個活潑的，有動力的政治思想——且帶有濃烈的個我主義色彩。

殉道者的榮耀

沙特對人間世的狂熱與追求完美的緊張，驅使他不但寫政治思想的文章，還要他行動，一九四八年，沙特與David Rousset, Gérard Rosenthal計劃組織新黨，稱為Rassemblement Pémocratique Révolutionnaire，但終因彼此的意見不一，又得不到勞工的支持而失敗，但是沙特畢竟是有膽識的人（當今好作家不少，有膽識的卻不多，因此也產生較少的偉大作家），他不只是寫，他還要付諸實現，如果對美有徹底狂熱的人，應是如沙特這樣的人，他不但要在書裡有美，也要使美存在於現世，這才是追求美的歷程的完成。然而沙特的美是怪誕的，或者我們可以說，沙特根本沒有美，因為我們的時代所關心的已超乎美醜的問題。沙特在一九四六年後，照樣的寫劇本，他承認他寫劇本的動機端在闡發問題，他不是為文學而文學，然而他的文學才華仍是很閃爍，將來他的其他文學創作可能遭到埋沒，但有幾個劇本將會留傳下去。據說他對舞臺很敏感，常有獨到的地方，但由於他的思想是外向的，懷抱人間世的，因此他很不重視他的「純文學」的才能，「他似乎很賤視才華」，「沙特很慎重的犧牲了他的才華」。然而「在這近乎唾棄文學的行為以及他的使命裡卻自有一份崇高的氣質」。從尋常的觀點看來，沙特的作品絲毫沒有美的氣息，他關注的是在精神的廢墟中，人如何才能重新建立起來，這一問題再引他去面對人的瘋狂、罪惡、殘忍、愚昧以及他的病痛、苦難、虛無等等。可能對這些人類精神的破滅以及當今厄境作緊扣的關切與追問，才能產生廿世紀這個時代所需要的美；如果這樣，則這種創造美、維護美的活動將更加艱難了。沙特沒有成功，他雖然是覺醒的，但他又將文學帶入另一極端，看他的文學創作如看哲學論文一般，很清楚的可看出他的信息，但是卻無法覺察到一般文學所特具的顫動，這股顫動才是真正推動人心的力量，卡繆之勝於沙特即在此點；卡繆是深沉的，能面對人類的破舟之痛，沙特同樣的深沉，但他卻謀殺了繆司。

然而沙特名揚當代是有道理的，他能洞燭二十世紀的瘡疣，論者每每隨俗地就將當今西方的這個瘡疣歸罪於戰爭，戰爭能促使我們覺醒，而真正的病痛卻是蜷伏在西方的文化裡，從文藝復興到當今，西方人不自覺的在為自己鋪造著通往虛無的道路，科學的成就漸漸的餌誘不了人心，而哲學呢？卡繆說：「整部的西方哲學史是人類失敗的總錄。」空無了！失敗了！寥落了！但仍舊是爭鬥！是掙扎。「無」的徹底發現是沙特以及其他存在主義者的共同成就，然而沙特沒有在「勞我以形，苦我以生」的世界裡感歎，也不汲汲想歸於太虛。他要使一己的思想情懷落實於人間，因此與魏晉時代競尚虛無的玄學家旨趣迥異。法國人是務實的，有土地的心靈，加之以環境容許言論的自由，因此造就了敢寫、敢說、敢做的作家，沙特在這種種的因緣之下，終而成為最典型的現代法國智識份子。

沙特六十年來的成就在於肯定個我，為什麼要花如此大的精力去盤桓於這個「小小的」自我問題？因為時代昏聵了，科學會盲目的引我們去自毀，政治有演成獨裁而活埋人類的可能，因此唯一可信賴的是個我。人是自由的——在境遇裡去自由，而自由是不斷的創造自己，沙特幾挾唐吉訶德的精神狂熱的在社會裡建立自己，絲毫不懷苟且，且有理想，這是萬難的！因此有人斷言沙特的終場是榮耀的——殉道者的榮耀，正因為他所操持的這種態度，使我們關懷他；雖然，作為一個「哲學家」，他失敗了；作為一個「文學家」，他也失敗了。但他是當今最醒覺、最能正視困境而企圖解決困境的智識份子。

原載《文星》第十六期，以本名郭松芬發表，原題為〈（封面）人物介紹——這一代法國的聲音〉，台北：文星雜誌社，頁十六——十八，一九六四年二月。

從「荒謬」到「反叛」

——談卡繆的思想概念（一）

荒謬

早期存在主義的重要概念之一：個人在生活經驗裡，突然發現一己的期望與外界現狀之間所存在的矛盾，從而體驗到一連串「背理」、「不合理」、「虛無」、「非人性」、「嘔吐」、「隔絕」、「徒勞」等等的敗北感。卡繆在《希西法斯的神話》裡強調荒謬不存在於外界的客體，也不存在於人的主體。而是，在主體與客體相遇之際，才產生所謂的荒謬。人的內心有各種幸福和合理的渴求，然而世界卻報之以無理的沉默。這種「天地不仁，以萬物為芻狗」的現象觸發了人的荒謬感。卡繆認為，因此「荒謬便一時成為人與世界之間唯一的串連物。」

荒謬的概念是卡繆思想的基礎。在四十年代的後期以及五十年代之間卡繆發展出來的政治思想依然受荒謬概念的鉗制。以致引起法國思想界的抨擊，指出卡繆荒謬思想的反歷史的傾向。抨擊的主力卻來自早期也曾抱持類似卡繆荒謬思想的沙特。

三十年代與四十年代前半，由馬荷、卡繆、沙特等人吹捧，而終於蔚成西歐國家的一種時代感受的荒謬概念，**其直接的思想源頭便是黑格爾主義**。主張「凡存在皆合理，凡合理皆存在」的黑格爾，順沿唯心主義的思路，企圖將世界的諸現象納入他的邏輯裡，兀自建立他的泛理主義。粗淺的泛理主義的誘惑便是誤引個人去漫自想望一系列合理的世界次序和合理的宇宙次序。耽沉於這種次序的懷鄉病者，在自己當下的體驗裡卻發現了與合理、次序相剋的背理、混沌。在客觀的現實與主觀的想望無法協調之下，常常退而主張背理主義或反理主義。在西方思想史中巴斯卡和齊克果便是最顯著的例子。

以笛卡爾傳統為正統的法國思想家，在兩次大戰間卻成為反笛卡爾的古典理性主義的大本營。從柏格森的懷疑理性的準效，轉而信賴直覺開始，法國現代的思想界便浸緬於反理主義。文學上的象徵主義和超現實主義便是同道的產物。

以背理主義為基調的荒謬思想並沒有具備解釋世界各種複雜現象的能力。現代世界中各種典型的社會問題——例如戰爭、新殖民主義、帝國主義的經濟政策、婚姻制度、女權運動、社會中各層鬥爭等等——在荒謬主義的思想裡都無法得到圓滿的分析；代表卡繆後期思想的《反叛者》一書所呈現的思想癱瘓，分析混亂便是例證。

卡繆的矛盾在於，以個人主觀的感受作為了解客體世界的準則。荒謬感並不是現代各社會中的第一感受。特別是，於西歐布爾喬亞社會中抱孵出來的個人主義的荒謬思想，無法涵蓋其它社會中為爭取完美合理的世界結構，所做的種種思想的或實際的戰鬥。卡繆堅持當下承當「不安」、「失望」、「隔絕」、「死亡」等等感受的荒謬主義，統而觀之，是始於赤子的心願，終於赤子的回歸。在這求無邪的過程中，主觀的意願特別強烈，而知性的發展卻在嬰兒期便顯出萎弱。知性的萎弱表現在：它無法超越被疏離的個人境遇而指向更為廣闊的社群的客觀環境去措思。知性囿於個我，感性也因之針對著個我透放。這類出自返身的個我主義，於三十、四十年代的西歐，被認為是用以表現崩壞的西歐社會中被踐踏、被扭曲的各種個人生活形象的最適切的哲學。這個時期的法國文學代表作，如馬荷的《人的命運》，沙特的《嘔吐》，卡繆的《異鄉人》，都是以個我主義為基調，而闡發當時西歐被隔離的個人生活中的種種荒謬。這種文學的或哲學的個我荒謬主義到五十年代，仍未被卡繆揚棄，而沙特則開始竭力脫離它的羈絆，而指向更恢廣的社會關係，企圖建立他的新哲學。

哲學自殺

在希西法斯的神話裡，卡繆批評了以亞斯培、謝斯塔夫、齊克果、胡色爾為代表的存在主義的哲學態度。

卡繆認為荒謬是現代生活中的核心問題，覺醒的生活便是自始至終與荒謬面對面而立。任何迴避或掩滅這荒謬性的企圖是反現實的，或是自欺的。卡繆以為，西歐的理性主義或根本置這活生生的生活側面而不論，以泯滅生活中的背理性；或依循被隔絕的個我的意識思想去建立客體世界的知識。在這形上的唯心主義的立場中，荒謬、背理等問題被理性化而枉然納入理性主義的架構裡。卡繆在存在哲學發軔期裡發現了反叛這種形上的理性主義的革命傾向。亞斯培、謝斯塔夫、齊克果、胡色爾等人，在理論上都堅持「世界——內——存在」的思想取向，鑿破形上的理性的虛幻，肯定世界中的各項難以解決的荒謬與背理，並以之為哲學的出發點。然而在存在主義的哲學過程中，這群哲學家漸漸地迴避了這些存在的問題，而逐漸趨向現實以外或向宗教，或向超驗尋求出路。卡繆稱這種哲學的迴轉為「逃避」。因為，從生活中的荒謬、背理等問題驟然轉入超現實的宗教安頓，其中的轉折過程毫無理據可尋，所以卡繆又稱這種現象為「跨躍」。

存在主義裡，齊克果、謝斯塔夫代表宗教的逃避；亞斯培、胡色爾代表超驗的逃避。在基督教的體制裡——特別是教會——成長的齊克果從幼年便經驗了一連串宗教的殘暴。然而齊克果終竟又回歸於宗教，雖然沒有回到基督教的體制裡。被挾在生活的矛盾之中，齊克果不能面對這一矛盾，更無法從現實裡解決這一矛盾。生活中的荒謬、相剋、弔詭等等現象一反而變為構成宗教的準則，而置知性於不顧。「他（齊克果）把荒謬當作構成來世的準則，在現世裡，荒謬只不過是經驗的剩餘。齊克果說：『信徒在他的敗北裡，發現了他的勝利。』」卡繆以為，如果生命是一場疾病，問題便在於與此病俱存俱亡，而不在於去治療它。「齊克果希望被治癒。……他全盤地用心在於逃避人間的條件裡的矛盾。」

在謝斯塔夫的思路裡，卡繆也發現同樣的**宗教自溺**。在荒謬裡，謝斯塔夫也窺見神光。他不說：「這就是荒謬」，而卻說：「這就是神」。「這位俄國哲學家甚至暗示這個上帝可能滿腹仇恨，是可憎、不可解、而又矛盾的；然而他的嘴臉愈是可憎，他卻愈顯得懔強。他的毫無倫次便是他的偉大。他的不近人情便是他存在的證明。人應該向他躍入，唯賴這一跨躍，人才能解脫理性的虛幻。」卡繆在區別謝斯塔夫這一類追尋宗教安命的思想家與荒謬主義者的相異時，說道：「對於謝斯塔夫，理性是無效的，但是理性之外卻別有可尋。對於荒謬者，理性是無效的，但是理性之外也別無可尋。」

亞斯培是歸宗理性的。宗教並非他的哲學目標，然而他的終竟躍入超驗，對於卡繆而言，其哲學過程與齊克果、謝斯塔夫的宗教思想過程並無二致。在「世界——內——存在」的哲學導向還沒深入現實之前，亞斯培突然肯定了「超驗」這一格的存在。從表面看來，亞斯培已不再像古典的本體論者議論著抽象的存有問題，而進入世界內探討人的苦難、心理的恐懼與不安、死亡、戰爭等問題。然而亞斯培仍將主體置於超乎歷史和特定的社會結構之外的真空裡，故斯所論終竟又淪入古典主義所患的唯心的謬誤裡。從與現實隔絕的唯心主義出發，而到達超驗的肯定，這是一條老路子，**亞斯培的存在哲學有其革命的假相，而本質上是屬於古典的**。

亞斯培從個人生活在社群裡的失敗逃遁而去，他不但無法解釋個人的挫折及其心理的殘缺的歷史根源，更無法指向合理的生活的道路。亞斯培在他哲學歷程的後半段終於指向空無的超驗，並且在超驗裡求其哲學的歸宿。「在無法解釋，無法圓說的情形下，失敗不正揭露了超驗的存在，而非它的不存在？」對於這個突然肯定而來的超驗，亞斯培界定為「共相與殊相之間不可措思的結合。」

卡繆對於亞斯培這種沒有邏輯預設的推理，認為本質上是宗教的跨躍。他的唯心的理性主義與齊克果等的宗教歷程其實並行不悖。

卡繆在胡色爾的現象學中所強調的「意向說」裡發現了荒謬主義的苗芽。依卡繆看來，胡色爾越過了古典的唯心主義，因為他的現象學主張意識本身不能形成它所知解的對象，而只能將知解的焦點調節到外在的種種客體上。易言之，胡色爾反對唯心主義的「客體存於主體之心」的主張，而肯定客體先於主體，且存在於主體之外。主體的意識功能只是將注意力導向客體而已。依據卡繆對胡色爾的認識，這種「意向說」打破了諸客體之間可能造成的價值層系，每一客體都獨立於其他客體之外而成為獨一無二的自存體。如果意識是一盞神燈，而客體是五花八門的圖畫的話，那麼「在那盞神燈裡，所有的圖畫都被授與特權。」一切的客體無主賓的區分，「主張一切的事物都被授與特權，就等於主張一切的事物是等值的。」一切的價值被壓縮在同一水平上。胡色爾的意向說到此，為卡繆全部接受。然而當胡色爾從這心理的層面步向理性的層面時，卡繆便竭力反對，他反對胡色爾將各自獨立的諸客體再回溯到更高更根源的「本質」層面。這種「超乎時間的本質」的概念是屬於古典的絕對主義。而在絕對主義裡諸般存在體皆各就其位，主客分明，彼此關係層次網絡不曾混淆；在這分際井然的古典絕對主義裡絕不容任何「荒謬」的概念存在。卡繆反對胡色爾便是基於這種回歸古典的唯心主義的傾向。

要之，卡繆反對齊克果、謝斯塔夫、亞斯培、胡色爾等超驗的、唯心的，形上的絕對主義，並沒有從這派哲學的根本病源著手，而卻單單因為這些人的思想終極有個絕對本質的存在而反對之。其實卡繆自己的思維方向與他竭力反對的形上的絕對主義是並行不悖的。**唯一不同的是卡繆拒絕任何形式的絕對體，更不容自己在絕對裡做任何宗教式的安頓**，卡繆駁斥這類以安頓為目的的哲學為「慰藉的形上學」。卡繆依循個我主義的形上學的思想方式，終極又拒絕向「絕對」「跨躍」，寧與荒謬為伴，在西方唯心主義的末路中，卡繆成為一名「無路騎士」。若干批評家稱無神論者的卡繆為「沒有上帝的基督徒」，便是基於卡繆的這種思想方式。

奇異的三位體

卡繆強調荒謬只能在人與世界遭遇的時候誕生。「荒謬不存在於人……也不在於世界，而存在於兩者彼此面臨之際。」外界的背理使人的對合理的懷鄉心理蒙受一層隔裂的苦楚。而荒謬，「本質上便是一種隔裂。」因此，人、世界、以及此兩者遭遇之下所產生的荒謬是相互連串而缺一不可的。卡繆借用基督教的聖父、聖子、聖靈的三位一體的比喻，將世界、人、荒謬的連體稱為奇異的三位體。

這種荒謬的推理，卡繆又稱為「荒謬的邏輯」。將這邏輯推演到極點，則卡繆認為，在荒謬的生活裡，只有不斷的鬥爭一途。這鬥爭「不存任何希望（然而也不絕望），不斷的去排斥（卻也不斷念），保持意識清醒的不滿（而不是幼稚的躁亂）。」

唐璜主義

在荒謬主義的籠罩之下，卡繆發現四種荒謬人的典型：唐璜，演員，征服者，藝術家。其中以唐璜最具荒謬人的代表性。荒謬人的典型生活築基於荒謬主義的倫理。而荒謬主義的倫理便是卡繆所謂的「量的倫理」，在西方的傳說中，唐璜與浮士德代表追求生命過程中兩種對極的典範：唐璜是感性之魔，在性愛的追逐中，他以「量」取勝，幸福地穿梭在一千零三個愛人中；浮士德是知性之魔，以「質」為依歸，他召喚西方的美人海倫，僅此一人以為畢生相許的性愛目標而披瀝追求。符合卡繆的荒謬世界觀的是唐璜而不是浮士德。卡繆所塑造的唐璜並不是性愛中的浪蕩子。首先，唐璜並不希求完滿；第二他對將來不存奢望；第三他不求超凡入聖。他僅僅是一個尋常的調情者，只求竭盡其能，臻於最高量的逸樂經驗，在一千多個凡俗的女人之中，他一個一個的注入了他的幸福，然後豁懷而去，不留一絲悵緬留戀的痕跡。他永遠保存心知的清明潑辣。在這個唐璜的形象裡，卡繆塑造了最反西方的性愛觀。崇尚瞬息激情的西方性愛總以死亡為結束，卡繆說：「除了受阻撓挫折的愛以外，再也沒有任何其他永恆的愛。幾乎沒有一種激情是不經掙扎鬥爭的。這種愛只能在死亡的終極矛盾中得到高潮。激情只有一條路：做維特。」除了哥德的維特是以死結束他的性愛之外，西方偉大的情史——特洛依達和克麗茜德，特利斯坦和伊索蒂，羅米歐和朱麗葉——都以殉死為其至情表現。波傑也夫發現杜斯朵也夫斯基的性愛觀也主張「在日常生活裡，實現情愛的不可能。」如果以衝破日常生活社會習俗的羈絆，而去體現剎那的激情為西方性愛的極致，那麼卡繆的唐璜便是反西方性愛的極致。在唐璜的眼光中，一切的價值被壓平，因而，生活中不產生「寧可玉碎，不能瓦全」的必然衝突，既然不汲汲於任何一種價值的「求全」追逐，則無物橫於胸壘；行動上，則無往而不通。在情關中，唐璜只有冷厲，而不激猛，不專耿於特一，而放懷於眾多；至於情道上的悔恨或慰藉，則唐璜不曾絲毫執著。在卡繆的荒謬世界裡，唐璜是最為放達的一人，比起希西法斯之堅忍奮拔，實在相差遠甚。在《希西法斯的神話》一書裡，唐璜的造形可以說是失敗的。雖同屬於荒謬人物，希西法斯卻更切合卡繆的「由荒謬而反叛」的思想演變，因而輪廓也較凸出。然而唐璜的形象卻是卡繆始終縈繞不曾或忘。死前，卡繆還計劃寫一個劇本唐璜，繼續發展他的荒謬主義。

邏輯底自殺

杜斯朵也夫斯基的小說〈群鬼〉中的主角之一契立羅夫，是個無神論者，一生懷抱著一個大思想：自殺。他的自殺純粹基於形而上的基礎。他否定上帝的存在，並認為一般人之信奉上帝乃因為懼怕人間生活之空虛荒誕，更因畏懼面臨死亡之苦楚，所以塑造神的形象，作為生活的慰藉品。契立羅夫立志破壞他所認定的這種有神論者之怯懦和虛偽的心理，乃決定自殺。契立羅夫的自殺其理據推演得很有步驟：如果人被神籠罩，則人不得自由。如果人要肯定自由，則人必得弒神。然而神是人類貪生畏死而製造出來的，所以弒神必先破除畏死這一關。為了破除畏死這一關，契立羅夫唯有自殺明志。所以契立羅夫自殺。契立羅夫的自殺，對他自己來說，證明了而且實現了一生的理想：人是自由的。

卡繆認為杜斯朵也夫斯基的這個角色正是他自己所構想的荒謬主義的英雄。卡繆特別強調契立羅夫以自殺的手段去弒神並不是犯了「妄想自大狂」的心症。其實，契立羅夫是在理智清醒下，經過嚴密的邏輯推演而後才推出這一自滅自救的大策。杜斯朵也夫斯基自己稱契立羅夫這種行動為「邏輯底自殺」，卡繆則緊隨呼應。

這「邏輯的自殺」純粹由形而上出發，最後也終結在純粹的形而上的領域裡。卡繆在這一關連上，強調說：「**現代的感性之所以不同於古典的感性，乃在古典的感性誘發於道德問題，而現代的感性誘發於形而上的問題。**」這是循沿杜斯朵也夫斯基的思想路線所必臻的結論。早期存在主義的感受是從杜斯朵也夫斯基的所謂「如果上帝不存在，則一切可以為所欲為」而出發的。**久纏於「上帝存或不存」的形上問題不但鬥喪了知性，也局限了、扭曲了認知的透視力**。單就杜斯朵也夫斯基對十九世紀六、七十年代俄羅斯社會主義勃興的認識上，便可以瞭解形而上觀點的薄弱。《群鬼》一書的主題之一是企圖描寫當時俄羅斯的革命份子群像。然而杜斯朵也夫斯基以形上的、宗教的觀點去把握這一派新崛起的社會革命努力，便無法通盤瞭解革命的方針和行動內容。結果群鬼裡並沒有塑造一個真正的革命者，反而製造了一群玄學鬼出沒其間。以革命的心理結構與宗教的心理結構相比，不但不能真切了解革命的諸般現象，反而常常造成曲解。在《卡拉瑪佐夫兄弟們》一書中，杜斯朵也夫斯基藉伊凡・卡拉瑪佐夫說道：「就拿那些又臭又髒的小酒店來說吧，他們就在那裡聚會，大家坐在一個角落裡。先前他們彼此並不相識，如今從酒店分手後，過四十年他們也不會再碰一次面。然而他們聚在這裡到底談些什麼呢？不外乎是些普遍的問題：上帝是否存在？不朽的靈魂是否存在？那些不相信上帝存在的便談論著社會主義、安那其主義、用新的模式改造人類等等，其實這只不過是用別的方法在解決同樣的問題。」認為社會主義與宗教在本質上是屬於同一問題，並不等於了解了問題本身：宗教與社會改造的心理動機可能相近，然而行動展開後，兩者常常呈現相剋的兩種作為、關懷、心態、和目標。將兩者視為一物，這是認知上的怠惰。杜斯朵也夫斯基，還有追隨其後的另一個俄羅斯思想家波傑也夫，在意識型態上成為保守的、反動的，便是出於這種認知上的怠惰。卡繆在他後期的政治思想上——特別是《反叛者》一書所表現的——也因同樣的理由，製造了許多歧見。

主與奴

卡繆在《反叛者》裡，借用黑格爾的主—奴關係作為思想框架以發揮他的叛徒哲學。黑格爾強調主—奴關係不但是原始社會中普遍的一種人際關係，而且更是人類自我意識的基本結構。易言之，各個時代，各個國家之中，不但政界、商界、教會、學校等等無時不體現著主—奴關係，甚至於在普通的人際關係中——例如夫婦，朋友等——也都以主—奴為其根本形態。

以黑格爾唯心主義的觀點，主—奴關係的分析僅止於意識結構的層面。黑格爾指出主—奴關係唯賴外界的物體作為媒介而後成立。奴隸在有形或無形的鏈鎖中勞動，主子則坐享勞動的果實。依黑格爾的辯證法，雖則主子處於優越的外在地位，然而他的自我意識卻無從發展，因為他的對手（「他人」）其地位比他微小。這使主子們不能徹底面對自己而成為有徹底自我意識的個人。反過來，奴隸的處境對自我意識的發展是有利的，因為對他而言，「他人」（亦即他的主子）的地位凌駕其上，使他隨時處於惶恐的地位，然而也正由於**這種處於低下的狀況才使奴隸們有了面對現實而徹底發展自我意識的機會**。

主—奴關係如果不囿於黑格爾唯心主義的意識分析，而更向外印證於社會結構，則政體，制度，法律，契約等等皆可一分為二。奴隸們反抗只為主子們講話的法律、契約，反抗只維護主子們利益的政體、制度。這種依據主—奴的對立關係進而檢查全盤政體和社會制度之不健全，其極致的表現便是由黑格爾左派發展出來的馬克思主義。

卡繆，正如尼采，仍攀附於黑格爾右派的思想。卡繆尤看重奴隸們的處境，理由大致不離黑格爾所揭櫫的奴隸們有「置之死地而後生」的潛能。**卡繆的理想叛徒便是開始反叛主子的奴隸**。「一輩子接受命令的奴隸突然決定從此不再服從新的命令了。」在企求平等的衝擊下，每個叛徒懷抱著「寧無勿缺」的「求全」決心，要求處境的全盤改變。「隨著反叛，覺醒於焉誕生。」

叛徒

依據卡繆的哲學，叛徒是荒謬主義者最後的身份。初期的荒謬主義者剛從荒謬的處境甦醒，而徘徊於生與死之間，懷疑追問個人生命的涵義，因而也浸湎於自殺哲學的諸般可能性。後期的荒謬主義者決定不自殺，而周旋於如何忍生的問題，追求個人最覺醒的生活歷程，因而發見在荒謬處境裡，叛徒這身份的無上榮耀。卡繆在《希西法斯的神話》和《反叛者》兩部思想性的著作裡分別探討荒謬主義前後兩期所遭遇的這些問題。純粹從唯心主義的觀點出發，作為思考對象的個人是被疏離的、孤立的，想像中的個人群。這個人和其所處之社會，時代之間沒有緊密的關連物存在。這游離的個人，卡繆沒有把他扣約在他的特定的活動範圍內，因此所描繪出來的個人——叛徒——的形象變得抽象，脫血，而不能印證於現實。《反叛者》出版後，屢遭惡評，大致也出於卡繆這種背離歷史的個人主義的唯心觀點。

卡繆沒有明白出示「叛徒」在現前社會的實際工作是什麼。他勿寧只是分析了作為「叛徒」的心理狀態。一言蔽之，「叛徒」否定了荒謬的處境，從形而上的觀點說，人的境遇是荒謬的。人類無限的虔穆或無休止的犯罪，面對著這兩種極端，天地（神）都沉默無言，這種「天地不仁，以萬物為芻狗」的實相引發了人間形而上的荒謬感，也終於導致了人間「形而上的反叛」。從歷史的觀點說，即存在的社會、政治體制常常是荒謬的。因為在「自由」、「和平」、「平等」等等美麗的糖衣底下往往是滿足獨夫私欲的獨裁暴政。歷史上革命不間斷的蠭起，便是人類不曾間斷的投入「歷史的反叛」的明證。

促發卡繆的叛徒的理據，其實是退縮到無可再退的一組空泛的觀念：謙遜，泛愛等等。卡繆公然標懸叛徒哲學的榮耀，言詞乍看激烈徹底。實際上，他是現實的逃兵。意識型態上，卡繆是現代革命的鬥敗者。「當罪惡穿上了清白之衣，清白便被邀自辯。」卡繆自己肩起了這份挑戰。然而，為清白辯護，對卡繆而言，便是全然的放棄現實，因為現實已變成「昨天被審判的，今天決定法律」的價值顛倒情況。「我們正活在預謀與全然罪惡的時代。」將清白和罪惡，自我和現實做絕對的二分未免疏於粗大。這種二分法實際上也阻礙了卡繆自己參與現實的衝勁。為了維持中庸謙遜，卡繆反對絕對的虛無主義，他以為絕對的虛無主義的生活方式不是征服，就是毀滅。極端的形而上的反叛導成弒神和自毀，如杜斯朵也夫斯基的「一群受蠱者」伊凡卡拉瑪佐夫、契立羅夫、史塔夫羅金。極端歷史的反叛造成革命的暴力和恐怖，如近代一連串的革命然。

卡繆界定叛徒的立場為「不求征服，但求強制。」反叛的旨意在於抗議謊言與罪惡。卡繆認為反叛和革命之不同在於：反叛是向現狀抗議的一種苦修行為，革命則是徹底顛覆現狀的一種激烈行動。易言之，反叛是原則上叛逆現狀，它不藉任何有效行動或暴力來達成效果。終極地說，反叛是一種抗議為表，「無為」為理的心態。

原載《夏潮》第二卷第五期，筆名李寬木，台北：夏潮雜誌社，頁十八—二十二，一九七七年五月。

自由主義的解體

——談卡繆的思想概念（二）

一九五二年八月卡繆所寫的自辯，並沒有針對尚森（Francis Jeanson）的論點而發。表面上卡繆駁斥尚森的地方甚多，而且辯駁的理據，乍看之下，推演精密，似乎無懈可擊。然而實質上，卡繆依據的是古典的自由主義原理。從近代史上可以看到：從事根除布爾喬亞習氣的社會改革份子，與實際上坐享資本主義社會利益的自由主義者之間，不曾有過知性的契合。儘管雙方竭盡各自的辯才，然而立場不同，所指雖一，所言卻異。一九五二年「尚森——卡繆——沙特」的論戰又是一宗明證。

「客觀知識研究」的迷夢

卡繆在自辯時，堅決表明尚森的書評忽視了《反叛者》一書的中心論點：「事實上他（指尚森）有意把書裡（指卡繆自己的《反叛者》一書）顯然的中心主旨——例如，反叛運動本身所加諸於反叛的限度如何界定的問題，有關黑格爾後的虛無主義和馬克思主義的預言的批判，有關歷史究竟論和辯證法的矛盾的分析，以及客體罪惡性的概念的批判——置而不論，卻反而徹底大論書中所沒有的主題。」然後卡繆表明：「我在《反叛者》一書裡，所企圖研究的是種種革命的意底牢結的側面。……我只證明一個事實，而且到現在我還相信這個事實，就是，二十世紀的各種革命所含的要素之中，存在著將人神格化的明確企圖。我特地選擇這個問題而加以闡明。」

問題仍在於：卡繆如何——用什麼立場，用什麼觀點，用什麼方法學——去研究革命的思想側面或研究革命過程中人的神格化問題。革命的意底牢結或神格化的現象本身沒有不能研究的理由。然而同時，研究這些問題時，研究者本人也沒有擺脫被研究的問題本身而超然處之的可能。這一點是自由主義的學者們最不情願接受的。他們誤以超然為客觀，標榜「沒有顏色的思想」，將人文科學比類自然科學，這是自由主義的學者所喜做的迷夢。美國的社會學家是最崇尚「客觀分析」、「科學方法」、「現象量化」、「學術獨立」的。然而他們的努力終竟變成替美國大財團的利益辯護：崇拜「量化」的準效性的美國社會學家們，在研究的過程中，統計數字成為他們最雄辯的理據。這些涉及範圍龐大的統計，並非研究者個人或小組所能羅致盡善。主要的來源有賴於大機構大組織所存檔的統計，這些統計因機關當局為維護本身的利益，其準效性已可疑。而社會學家卻依之構想。**其結果，準效性、客觀性、獨立研究精神之能否顧全都在其次，最大的收穫就在替當局維護現狀。加之，美國社會學研究資料全來自大財團的基金會（福特、福爾布萊等等），社會學者們便間接替這群財團維護其利益及體制**。一九五六年，當時哥倫比亞大學的社會學家靡爾斯（C. Wright Mills）出版

《權力的優選份子》（*The Power Elite*），分析、批判美國現存社會體制裡，政、經、軍各方面的閥閱。批評的鋒芒指向當道的老爺們。結果很令他們為之不快，一九五六年以後，靡爾斯再也申請不到大財團的任何研究金。社會學研究的本身背後掩藏著一串可以再供社會學家們研究的社會現象——社會學背後的社會學。六十年代世界性的革命狀態令美國的社會學家開始懷疑他們的方法學，在學生運動的摧擊之下，美國政府終竟慢慢的暴露外交上的帝國主義以及內政上的法西斯主義，費德里克斯（Robert W. Friedrichs）著《社會學的社會學》（*A Sociology of Sociology*，一九七〇年著），檢討五十年代西方社會學方法的弊漏。強調社會學家必得將自己以及自己所操作的方法學作為社會學研究的必要對象，易言之，研究開始之前，社會學家先自問自己的立場，自己的出身，自己受教育的背景，自己操作的素材與研究取向，研究的結果到底替哪種人講話，等等問題。一九四八年沙特在《什麼是文學》一書裡，已初步意識到寫作的對象問題「為什麼要寫」、「為誰而寫」等問題成為沙特寫作過程中必先追問的問題。沒有一件作品——不管是文學創作或社會學或其他人文科學——可以讓全世界黑、黃、白種各類人欣然就讀而得到同一層次的快感或領悟，即便在同一國度裡，也沒有一件作品可以讓教授、學生、女工、職員等不同階層的人獲得完全相同的共鳴。目前，各種族的人民，同一民族中各階層的成員有其各自的痛苦，各自努力的目標，各自的敵人。以自由主義者從各層次人民的鬥爭歷史抽退而以超然的立場發言，其所發之言實際上便是等於一個空白的卵。一九七〇年五月四日，美國政府的警察闖入俄亥俄州康特大學，將荷彈的槍舉起，仔細瞄準之後，他們扣了扳機，將該校的四個學生斃落。這才全國性地震愕了自由主義的學者教授們，一向被他們自認為獨立自主的大學院被武裝闖入。以政治人

（*Political Man*）一書著名的，代表五十年代美國自滿的、保守的自由主義的社會學家李普塞（Seymour Lipset, 1922-2006）因此表明以前自己所處之立場以及自己所用的「客觀的」方法學之不切實際。

以上以美國從「意底牢結的終結」（the end of ideology）的五十年代到革命覺醒的六十年代，美國社會的自我批判為例，說明（一）人文社會科學的研究不曾也不可能抽離其特定的社會、歷史而獨立存在。（二）研究者本人也沒有擺脫研究本題而超然處理問題的可能。也就是說，「客觀」、「科學方法」、「自律」等等概念在研究社會現象時不能率而比附。在其指謂意義尚未明白之前，暫時存而不用。

問題歸結到卡繆的似是而非的自由主義的立場上面。革命過程中革命領導人被神格化而以「救世主」、「彌賽亞」、「民族救星」等看待並不能用以指責革命本身的錯誤。革命之是否被誤導，得視革命的動機、本質、目標本身而定。而且，卡繆將一七八九年以來所有的革命，不計其性質，一概等質齊觀，而以「人道」的立場加以鄙薄。卡繆不能分辨民族革命和政治革命的不同，農民革命和宮闈政變的不同。卡繆更不去追問在沒有革命的情狀下，現代統治階層的得寸進尺的迫害下所造成的虐殺事實。歷史上革命者「以暴戾的手段要求正義」（見《反叛者》）粉碎了卡繆對一切革命的信心。卡繆看到古羅馬的奴隸斯巴達克斯（Spartacus）領導奴隸暴動以反抗羅馬統治的革命過程中，被解放的奴隸用以牙還牙的手段制裁他們的統治者，卡繆在理論上便輕率地歸結到革命終究淪入權力的鬥爭，而「在權力的世界裡無平等存在。統治者們，在放高利貸的情況下，計算著奴隸們的血。」（見《反叛者》）這是革命最低調的悲觀主義。

卡繆所擔憂的是（一）革命的行為降格為權力鬥爭行為，（二）革命的過程中或革命完成後，革命者被神格化而無休止的在形式上持續革命的「聖戰」以鞏固自己的地位。對於這些可能發生的革命流弊，他所提出的藥方是：愛、謙遜、非攻；以溫和的、形上的反叛代替激烈的、實際的革命。這種態度類似六十年代美國學生運動的外圍份子所懷抱的非武力的安那其主義。將卡繆這種人道主義推到極致，則在現代世界裡卡繆只剩下一條出路可走：退出歷史，隱沒自己，以宗教的殉道精神結束一己。但是，如果卡繆還想持續他在答辯尚森和沙特的信裡或《反叛者》一書裡所透露的，對現實和歷史採取正面的、攻擊的那份批評力，則卡繆得放下超然孤傲的知識人的假面具，甚至放棄人道主義。放棄人道主義並不是反對愛的表示，只因為在現階段的歷史處於思想、利益、行動對立的尖銳狀態，宣揚漫無邊際的愛等於混淆對立的局勢，抹殺自己的立場，造成「一道混」的僵局。

「嫉惡如仇」這才是人道主義所宣揚的愛的開始。對於現代社會裡存在的壓榨、不平等、迫害等等事實，先有嫉恨如仇的心情才是愛的開始。面對著這些尚未掃清的罪惡兀謾談愛，這是假的人道主義。

卡繆的人道主義充滿嬰兒期的恐懼症。對於革命所依賴的暴力隨時對之休克式嚎啕，他的隨時攀附非攻的人道主義，一如不敢走出現實的嬰孩，隨時緊牽著母親而躲在她的衣角後面。絕對的純潔屬於天國，然而相對的正義則須依賴人的血來爭取。卡繆不能接受「客觀的罪惡性」，等於不能面對現實。復歸於嬰兒，還原到絕對的純潔的孩提的故鄉已不可能，則讓我們在不得已的條件下，面對成年的世界——這世界幾乎構成了歷史演進的全部。卡繆引聖傑士特（Saint-Just, 1767-1794）的一句話：「沒有人能無邪地統治。」那麼，我們同樣的可以說「沒有人能無邪地被統治。」

卡繆依據他這種空泛抽象的愛心（亦即尚森所謂的「反叛心」）去研究革命的意底牢結，當然不免偏差層出；他以嬰孩的無邪去批評成人的革命事業，也僅能產生幼稚的怨懟，毫無正面的批評與引導作用。卡繆覺得尚森的批評是雞蛋裡挑骨頭，專找《反叛者》一書所不涉及的主題在兀自發揮。其實這仍是卡繆的錯誤。在卡繆看來，尚森是任意旁加枝節；其實，那些「枝節」都是研究近代革命所不能或缺的過程。卡繆的形上學和人道主義不能圓滿闡釋革命現象。如果拿卡繆的叛徒和美國的社會學比較，則兩者同樣患了遊離現實的個人主義的弊病。而就方法學來說，卡繆的方法是人道主義的，指向抽象、指向空無的即興法。

反反歷史主義

其實，卡繆本人在思想上並不承認他自己是個人主義者，正如在文學上他不承認自己是「為藝術而藝術」一樣。他儘管在思想上有某種限度的覺醒，然而整個意識狀態還不能擺脫傳統的布爾喬亞的習性，因此思想上經常產生撕離的痕跡，單就卡繆的片言隻句去看他而不以他整盤的思想脈絡為基礎，可能容易誤解卡繆是個思想的積極份子。五十年代，卡繆被稱為「戰鬥的知識份子」、「進步的思想家」，便是這種誤解。在答辯的公開信裡，卡繆毅然表明介入歷史的重要性，並且以當前的社會情況而言，他指責純粹反歷史主義和純粹歷史主義是同樣的要不得：

實際上，《反叛者》一書企圖揭櫫的是——幾乎有一百條的引句可隨時證明這點——在當今的世界裡，純粹的反歷史主義和純粹的歷史主義同樣的令人痛心。書裡表明，唯歷史是信的人向恐怖政治邁進，全然不信歷史的人認許恐怖政治的存在。書裡同時提及「兩種無效：無為的無效和破壞的無效」，「兩種無能：善的無能和惡的無能」。最後還特地言及，正如「否定歷史等於否定現實」，同樣的「視歷史自足的整體等於遠離現實」。

以自由主義，知識人獨立的立場，卡繆在現實裡不能做「兩者擇一」的選擇，他要保持中立之道，然而主要的原因還在於卡繆的二分法的錯誤，「無為—破壞」，「善—惡」，「否定歷史—信仰歷史」等絕對對峙的理論是很唯心主義的。一旦主體的思想和行為定位於一定的歷史而介入實際去運作時，這些二分法便自動煙消雲散。卡繆在憑空自製的這套二分法的框架裡，發現了兩種無效和無能，這種處境很像隔岸觀火之人的無從效命。而在明哲保身，維持兩手乾淨之餘，卻假借客觀之名批評參與行動的救火人員。這點，卡繆的立場相當接近另一個保守的自由主義份子波柏爾（Karl Popper, 1902-1994）。

卡繆以十九世紀末到二十世紀現今的歐洲革命史之錯誤為名來反對歷史主義，波柏爾則以理論方面著手去抨擊歷史主義。兩人都從自由主義出發而終究殊途同歸。

波柏爾的錯誤在於對社會科學採取過分偏狹的概念。他反對「社會科學的歷史主義原理」（historicist doctrine of the social sciences），也反對這個歷史主義蔓衍到現實而造成的政治的歷史主義原理（historicist doctrine of polities）。波柏爾反對的理由是：歷史主義所持的歷史預言在方法學上是不科學的，在現實政治上則往往被少數的特權階級扶持以為獨裁苛政的藉口。以預言理想國的實現，或預告勝利的完成等等為招幌，以便順利實行眼前的獨裁。把現階段的苛虐政策名為非常時期，而不久即將過渡到正常幸福的時期為預支的諾言。波柏爾發現這類以為歷史是朝一定的方向進行，而且可以以人為力量加以預測其進行軌跡的歷史主義的謬誤。波柏爾對這種歷史主義有兩點抗辯：

首先，歷史主義者實際上所做的歷史預言並不根源於受條件規範的科學的預測。其次（第一點由此而來），不可能根據受條件規範的科學預測去做歷史的預言，因為根據受條件規範的科學預測所做的長期預測只能應用在容易分離的、固定的、週期性的系統上。在自然界，這種系統甚為稀少；在現代社會裡，則幾乎一個也沒有。

波柏爾更進一步爭辯，科學上日蝕的預測是可能的，然而也只有在一種條件之下才可能：太陽系是固定而重複的系統。相反的，「社會不斷的改變、發展，而這種發展大致是不重複的。當然，只要它是重複的，我們或可能做一些預測……歷史發展最凸出的一點就是：它是非重複的。」

波柏爾肯定社會和歷史的發展是非重複的。如果將這命題推到極端，則是：社會和歷史的發展過程中，人不能歸納出類似自然界的法則。亦即，歷史發展的線索上沒有因果的存在。在這種極端的懷疑主義之下，可以歸結到一切的行為只是彼此之間沒有關聯的突發現象。而「歷史只是歷史學家所製造的」，社會科學也將是社會學家的虛構。然而在波柏爾的保守思想裡不容有這種休姆式的極端懷疑主義。在他的反歷史主義的思辯中，也插入了「個人的行動」以拯救他的反歷史主義所可能招惹的懷疑主義。

波柏爾認為社會科學中兩種膚淺的原理必得避免：（一）將種種的社會整體（wholes）——例如團體、國家、階級、社團、文明等等——視為經驗的對象去研究。波柏爾將這種研究法稱為「膚淺的集體主義」。（二）為了修正第一種方法學的不當，社會的諸現象必須還原到個人，而藉個人的行動來分析集體現象。然而這種方法跳一步便栽入第二種膚淺的理論——波柏爾所謂的「社會的圖謀原理」，將社會的集體現象回溯到個人的心理現象，容易引導出波柏爾認為不確定的觀點：以為社會現象，例如戰爭、失業、貧窮、匱乏，都是由少數幾個有權的個人或團體所共同圖謀的結果。

波柏爾所接受的是「方法學上的個人主義」，實際上接近他所駁斥的心理主義（Psychologism）。將個人視為社會現象的最後單元，將種種社會的集體行為視為可以還原到個人心理的一組現象。然而一旦肯定了這種方法學的個人主義之後，波柏爾便淪入自我矛盾的窘境，因為個人的心理反應在某種特定的條件下極可能會產生一些定常的律則。亦即，個人的心理現象有可能被有限地預測，而社會現象既然可以還原到個人，則以個人為最後單元的社會其現象也沒有理由不被有限地預測。因此在波柏爾所認許的方法學裡實在沒有反歷史主義的必要。波柏爾顯然意識到他贊成的方法學和他反對的歷史主義之間並沒有什麼大衝突。所以當他正面提出社會學的課題時，他將社會學縮減到一個狹隘偏廢的角落：「理論的社會科學的主要工作是尋找有計劃的人類行為所產生的，未曾預料的社會反應。」而有計劃的人類行為所產生的，與預期相符合的社會現象呢？這一項之所以被波柏爾避而不談，乃是波柏爾有意避免他所反對的歷史主義，以免陷於理論上的自相矛盾。

波柏爾的理論辯解大致能夠與卡繆的立場呼應。卡繆和波柏爾雖然是兩種不同類型的思想家——波柏爾重析理，卡繆則富詩人氣質；當卡繆用一些似是而非的歷史「事實」來批駁歷史的預言時，波柏爾卻用理論來反對，然而兩人處於自由主義者的立場則一。綜攝這兩人的思想脈絡，可得若干要點：

（一）卡繆承認：「在當今的世界裡，純粹的反歷史主義和純粹的歷史主義同樣的令人痛心。」波柏爾雖然一方面堅持歷史主義的貧乏，而且認為歷史主義是開放社會的敵人，然而另一方面，卻無法攀附絕對的懷疑主義，以否定歷史和社會的發展不可能完全沒有限度預測的可能性。由理論而實際，兩個人同樣維持保守的政治中立主義，波柏爾身受希特勒獨裁政治之害，在思想上排斥他所謂的「圖謀原理」，卡繆間接感受到社會主義被政治野心份子利用後所發生的虐殺人民的大害，在思想上排斥他所謂的普羅米修士的革命神話。

（二）卡繆和波柏爾都採取知識的防衛地位。波柏爾以為社會學的主要課題在分析人類行為的後果，這是知識後備部隊的工作。易言之，原子彈已經投下去了，知識份子再去研究彈災的後果。在波柏爾的思想結構裡，既然不容知識有預測的能力，那麼知識自然不能有的主動的、攻擊的、事先批判的功能。卡繆對知識人在現代社會的功能沒有明確的表示，他有時也意識到介入的重要，然而他的思想導向大致是依循希西法斯神話裡的形上的、堅忍的，永遠屬於子位的防衛姿態。

（三）卡繆和波柏爾都僵化歷史的事件。兩人為了反對歷史主義的歷史預言，都拿歷史事件來證明歷史預言的不曾兌現。在揭發獨裁政治的妄自預支和平的諾言，卡繆和波柏爾的方法有它特定的作用。但是對於革命的現象，卡繆和波柏爾都不能平心立論。然而，例如，「美國黑人革命將在七十年代趨於成熟。」或「亞非國家的革命將採取反對帝國主義的經濟侵略而爭取民族獨立的形式進行。」這些命題與客觀的有無無關。它們是表示主觀的意志，並且企圖遵循這種意志投入行動。客觀的事實可能耽誤主觀意志的實現，然而卻不能以之否定主觀人為的可能性。卡繆和波柏爾都以歷史作為客觀的證據來反對歷史主義，在這裡，他們忘了歷史是人為的。由主觀意志化成行動、再由行動聚成的歷史現象受客觀環境的箝制，不但有時不能如期完形，而且經常有不能預料的突變。一言以蔽之，歷史不是純粹的、靜止的、已經完成的客體，歷史永遠在流變中。

（四）卡繆和波柏爾都主張人類演化的斷滅觀。波柏爾說：「沒有進化律（law of evolution）的存在，只有歷史事實（historical fact），就是植物、動物改變的歷史事實。或更準確地說，只有植物、動物已經而且繼續在改變的歷史。以為有一種律則可以決定進化的方向和性質的觀念，是一種典型的十九世紀的錯誤，將上帝的功能企圖轉歸於『自然律』時所產生的錯誤。」卡繆說：「基督教世界和馬克思主義的世界的統合是奇特的，它和古代的世界成為對立的格局。這兩種理論（指基督教和馬克思主義）有共同的世界觀，和希臘的世界迥異。基督教徒首先將人的生命和事態的演進，視為一種揭露從一定的開端走到一定的結束的歷史，在其間，人完成他的解脫或遭受應有的懲罰。這種基督徒的歷史哲學足令希臘人驚愕。希臘的進化觀念和我們的歷史進化觀念截然不同。兩者差異等於圓周和直線的差異。希臘人把世界史想像為輪迴的……。在歷史觀上，基督教是直承猶太教義的，這一點也可以在德國哲學（即馬克思主義）裡發見。」卡繆是袒護希臘的歷史輪迴觀的。他和波柏爾之所以反對歷史進化論，乃是基於反歷史主義。到底歷史進化論是否成立，並不是坐而觀，以超然分析所能證明的。這不是知識論上的問題。波柏爾斷定「沒有進化律存在」，其實這是知識上無法操縱的問題。一如神的存在問題，在知識層次上只能置而不論。卡繆與波柏爾的歷史演變的斷滅觀，和他們的企圖抽出歷史而採取旁觀的立場有關，也是出自於知識份子不輕易沾汙其清白的想法。這種染有潔癖的思想正和尚森指斥卡繆的「歷史永恆靜態觀」一息相通。

（五）卡繆和波柏爾提供了保守的補釘主義。既然歷史沒有進化律可循，那麼一切較徹底的社會改革或思想改造，對於卡繆或波柏爾都是過激的。他們寧願維持現狀而做點點滴滴的補釘工作。波柏爾說：「讓我們以一種單純的思想來影響輿論作為我們的工作，這種單純的思想就是：就在此時此地，一一的去對付最迫切而實際的社會罪惡，這才是上策，而不要去為了遙遠而或許不能實現的至善，犧牲一代代的人。」卡繆也以他的中庸的海倫精神，敦促奴隸們向他們的主子抗議，但千萬不能將主子推翻而自己取而代之。卡繆和波柏爾這種溫敦的，點滴改良的建議，其最終目標是：維護現存體制。這是他們最高的道德理想。

從以上五點可以看出自由主義者們的消極見識。他們低估了人的惰性，以為補釘主義可以解決社會和歷史的罪惡；他們也高估了現實的完美性，他們看不清種族之間、階層之間、國與國之間的種種壓迫。歸根而言，自由主義——從史的觀點可以證明——是帝國主義盛期的產物。在帝國主義的暖翼之下，自由主義看不到帝國向外施虐壓迫的現象。美國是廿世紀殘餘的自由主義者們的最後溫床。在一再從破壞毀滅的歷史覺醒起來的歐洲，卡繆的思想終被淘汰是必然的。

戰鬥的糖衣

自由主義者所扶持的「科學的」、「客觀的」方法學先天上已決定了它不能成為攻擊的知識工具。假藉客觀的名義，將主體從客體環境撕離，並且剝脫主體可能附帶的偏見——科學主義者所謂的「有彩色的思想」，儘可能將主體洗淨，使其不染一絲一毫的主觀成份。理論上，企圖把主體化成一架電腦。這是理論的社會科學的神話。

主體的主觀成分必須在進行研究社會科學之前先加以承認，主體附身而有的家庭背景、社會環境、時代條件、政治壓力、心理發展，這些主觀因素在特定的層次上都是主體所無法超越的。這便是主觀。這主觀隨時隨地反映在主體的審美品鑑上，思想歸趨上，政治見解上等等。而這主觀的形成的來源則是主體所投生而慢慢生長的社會和時代的環境，這便是客觀的主觀性。而主體在客體的社會和時代中發意馳蹤的結果所造就的主觀創造，也必定受客體條件的牽連，這便是主觀的客觀性。現代西方最主要的哲學課題「自由」、「選擇」、「行動」、「個我—他人」等問題必得納入這種主觀—客觀相互牽攝辯證的架構中處理後才有其準效性。卡繆謾自攀緣一些抽象的道德條目——愛、中庸、謙虛——而不處理這些道德觀念如何在辯證的處境下運作，這是蹈空之論。同樣的，一九四三年沙特的《存有與空無》，也因為忽略辯證現象，而將其中有力的哲學課題化為虛乏而不切實際。

四十年代的末期，沙特開始轉變，甚至放棄了存有與空無的現象學的本體論的方法，而採取辯證法。卡繆到一九五二年仍沒有方法學的覺醒。在這裡強調方法學在認知過程中有其決定因素，並不是對卡繆有任何的苛求，因為《反叛者》一書的論題已不再像一九四二年的希西法斯的神話只是抒發一己的人生觀，而是涉及到歷史和政治思想。如果仍舊停留在主觀的抒情上，則差錯自然歸於卡繆自己。

這種方法上的貧乏和論題的沉重所構成的矛盾也成為卡繆和尚森之間的爭辯線索不能取得一致的原因之一。在字面上，卡繆經常有激烈剛強之詞，戰後在大西洋兩岸，卡繆也曾一度博得戰鬥的文人的令譽，卡繆也自覺是戰鬥的前衛思想家。一九五二年卡繆與沙特其實已各走了不同的路了，而卡繆卻還不甚了悟，而仍舊引沙特為同調，西蒙・德・布瓦回憶當時的情形，曾引出一件小事：

> 四月間在聖沙比斯的小咖啡室裡，我最後一次看到卡繆，當時沙特也在一起。卡繆把有關對他的書（指《反叛者》）的一堆批評取笑了一番。他毫不懷疑地以為我們喜歡那本書，當時沙特卻不知道怎麼對他說才好。過些時，沙特在侯爺橋看到卡繆，就事先通知他說，「現代」將登一篇《反叛者》的書評，如果不是嚴苛的批評，至少也將不太表贊同。當時卡繆似乎有點驚愕而快快不樂起來。

卡繆的思想境地仍舊滯呆在四十年代的荒謬感受和人道的堅忍上，對於舊日的同伴沙特已經揚棄過去，向前邁入新現實這一點卻不甚知悉。然而一旦知悉後便甚感驚愕，這種現象在自由主義，人道主義的圈子裡屢屢出現。當一部份同伴們看出這派思想的貧乏，而開始挑起現實的課題並且反過來批判原先的思想時，仍舊停留在自由、人道的伙伴們便目他們為叛徒或目他們為原是混到自由主義、人道主義的陣營來從事分化破壞的奸細，這些人被他們視為知識份子的第五縱隊。卡繆在自辯的文章裡所顯露的對尚森和沙特的惱怒也多少是發自這種反應罷。

卡繆以為沙特會喜歡《反叛者》裡的論辯，然而《現代》雜誌卻看出卡繆偽裝的戰鬥思想，文詞上呈現戰鬥激烈的傾向，實際上思想極為保守。例如卡繆反駁尚森時說：「例如，我曾寫道：『經濟的決定性在人類行動與思想的發生上占有極重要的位置，這一點是可以承認的。』然而我卻拒絕承認它是唯一無二的重要關鍵。」卡繆引述這句話主要的是在反駁尚森指斥他忽略社會的下層結構。在這裡，彼此爭論的分歧乃在方法學的認識上。

卡繆既然承認經濟在人類行動和思想上有決定性的影響力，然而在處理龐大複雜的歐洲近代革命史時，卻絲毫不曾考慮其中的經濟因素。卡繆自辯經濟不是唯一無二的重要因素。那麼，除了經濟因素之後，還有那些因素也是重要的呢？這一些決定人類行動和思想的重要因素之間彼此的比重如何？在行動或思想的發生過程中，彼此之間的運作關係如何？這些問題卡繆在研究歷史的發展時從不曾考慮過。卡繆不但沒有這組推動歷史的決定因素的明晰概念，他更不能將這組決定因素按其重要性做層系的（hierarchical）關係排列而使之在研究上機動化。卡繆無寧是將他的「由革命而到恐怖政治」，「從被壓迫的牢籠解放，再走進歷史主義的另一牢籠」等等形而上的觀念當作必然的結論，然後再拿不切實的歷史事實來作為他的形上前題的佐證。實際上，卡繆也犯了將前題當作立論基礎的謬誤（petitio principii），在《反叛者》裡，卡繆沒有實際進入近代歐洲革命史去發掘革命的發展過程的因果關係，他只有一套粗淺的「異立特主義」（élitism），以為歷史的推動是由少數社會上層的優選份子（élite）決定的，至於其他的什麼經濟、政治制度，或其他的社會因素都不在他的考慮之內，卡繆這套淺薄的政治原理縮影在他的普羅米修士的神話裡。這個原理便是波柏爾所排斥的社會學的「圖謀原理」。尚森指責卡繆不相信社會的下層結構，其實已暗示了卡繆這套理論的架空。

原載《夏潮》第二卷第六期，筆名李寬木，台北：夏潮雜誌社，頁十五——二十，一九七七年六月。

INK PUBLISHING

讀者服務卡

您買的書是：________________________________

生日：　　　年　　　月　　　日

學歷：□國中　　□高中　　□大專　　□研究所（含以上）

職業：□學生　　□軍警公教　□服務業

□工　　□商　　□大衆傳播

□SOHO族　　□學生　　□其他 ______________

購書方式：□門市______書店　□網路書店　□親友贈送　□其他 ______

購書原因：□題材吸引　□價格實在　□力挺作者　□設計新穎

□就愛印刻　□其他 ________________（可複選）

購買日期：________年________月________日

你從哪裡得知本書：□書店　□報紙　□雜誌　□網路　□親友介紹

□DM傳單　□廣播　□電視　□其他

你對本書的評價：（請填代號　1.非常滿意　2.滿意　3.普通　4.不滿意）

書名______　內容______封面設計______版面設計______

讀完本書後您覺得：

1.□非常喜歡　2.□喜歡　3.□普通　4.□不喜歡　5.□非常不喜歡

您對於本書建議：

感謝您的惠顧，為了提供更好的服務，請填妥各欄資料，將讀者服務卡直接寄回或
傳真本社，我們將隨時提供最新的出版、活動等相關訊息。

讀者服務專線：（02）2228-1626　讀者傳真專線：（02）2228-1598

舒讀網「碼」上看

廣　告　回　信
板橋郵局登記證
板橋廣字第83號
免　貼　郵　票

235-53

新北市中和區建一路249號8樓

印刻文學生活雜誌出版有限公司　收

讀者服務部

姓名：＿＿＿＿＿＿＿＿＿＿ 性別：□男　□女

郵遞區號：＿＿＿＿＿＿＿＿

地址：＿＿＿＿＿＿＿＿＿＿＿＿＿＿＿＿

電話：（日）＿＿＿＿＿＿＿＿（夜）＿＿＿＿＿＿＿＿

傳真：＿＿＿＿＿＿＿＿

e-mail：＿＿＿＿＿＿＿＿＿＿＿＿＿＿＿＿

INK

冷戰年代中西歐知識人的窘境

——談卡繆的思想概念（三）

沙特在答覆卡繆的公開信裡，除了順沿尚森的論點再進一步發揮之外，並沒有什麼其他新義闡明。唯有對卡繆的懷疑歷史這點批判得較為中肯。

沙特把卡繆對歷史的態度區分為二次大戰期間和大戰之後：二次大戰當希特勒占據巴黎期間，卡繆毅然投入歷史，參加地下抗敵運動；當時行動的目的較為單純——只想保存眼前的現狀，反抗希特勒企圖毀滅容忍個人自由的社會次序。二次大戰結束之後，歷史的課題已改變其性質，如今不是要保存現狀，而相反的，是要改變它，這點卡繆就猶豫了：

今天，問題已經不一樣了。那已經不再是防衛現狀的問題，而是要改變它的問題。這點，除非有最正式的保證，你是不願接受的。如果我也同你一樣相信歷史是一池汙穢和血腥，那麼我也和你一樣，在跳進去以前先三思之。但是如果我早已浸在裡面，那麼該怎麼辦？如果，按照我的看法，你的惱怒便是你的歷史性的證明，那麼該怎麼辦？

依沙特說來，問題其實並不是投入歷史，或定不定位到歷史。而是，人根本就在歷史中。從自我意識醒覺的那一天，人發現自己已經在某重特定的社會和時代裡了，而不容自己再有別的選擇；同時也發現，在自我意識尚未清醒以前，自己的存在也早被安排了的，沒有人能夠自己選擇出身的時代和地點，誕生到共產主義的國家或資本主義的國家這件事是由不得自己的，同時孩提時期，兒童時期也不能由自己決定，同樣，自己雙親的家庭結構也無法自抉。而自由，便是在自我意識發生之後，對於這些不由己的，背袱在每個人身上的種種背景有所反應的現象。順從或反叛這些背景構成了一生的歷史，也是自由的歷史。一個小學生的離家出走，在這個小學生自己可能尚不能明確了解其動機和目的，然而這離走的現象已是自由的胎動的表徵。

在自我意識的成長到了成熟時期，在反觀的內省裡，對於自己和自己的家庭環境、社會背景和歷史處境有著膠著不可離的事實已完全無法否定，你不能選擇不生在八年抗戰時期，因為你已生在八年抗戰時期。易言之，一個人不能置歷史於不顧。而歷史的意義也不是等待於眼前的將來，等到你走到時，隨手把歷史的意義拾起來，而對之說：「這就是歷史的意義！」卡繆，和反歷史主義者一樣，以為歷史的意義是客觀地存在於歷史的道路上。而當他們客觀地在歷史上尋索一陣後，並沒有找到這種客觀存在的歷史意義，於是他們問：「歷史意義在哪裡？」沙特針對著這種等待歷史意義的立場，批評了卡繆所忽略的：

問題並不在於知道歷史有沒有一個意義，也不在於我們應不應該屈尊參與歷史。問題在於，從我們已全身浸在歷史裡的時候開始，設法賦歷史以最好的意義，儘管我們的參與是多麼微末，也不拒絕給予任何具體的行動所需的我們的這分參與。

當然，這還不是問題的核心。在這裡，卡繆也可以自辯說他並不能拒絕賦歷史以意義。實際上，卡繆屢屢表示他以文學的創作來對抗這荒謬的一生。文學的創作自然是一項賦歷史以意義的行動。問題的關鍵仍在於世界觀的差異。在人類的迫害尚不能解除之前，世界觀的差異涵蘊著：某種世界觀是漠視，甚至可能助長人間殘酷迫害的現象，而另一種世界觀是針對著這種不幸而企求克服的。差異便是誘發價值判斷的運作。自由主義者們在假藉「民主」的名義下，包容種種差異，而等質齊觀，美國的人文社會科學在形式主義盛行之際，以「客觀」、「民主」為由，力避價值判斷。這種呈現著價值觀的末端肥大症正是刪除歷史因素的必然後果。

在具體的歷史面前——更具體的說，對卡繆、尚森和沙特而言，在二次大戰之後的西歐史面前，卡繆這一套個人主義的形上學對現實是無補於事的，而卡繆自己耽溺於他的荒謬主義使他遠遠停頓在歷史的背後，沙特指摘他：

……你決定反歷史，而不去瞭解歷史的過程，你寧願把歷史看作另一宗荒謬體。

五十年代裡，卡繆整套耽美的思想屢受法國批評界的責難，卡繆自己則徬徨於「文學家到底是否應該將自己的藝術思想獻出而替政治或意底牢結效勞」的狹路上，這是藝術家還游離於現實之外，還不能把握社會結構中種種衝突，因此還不能有所選擇，還不能介入現實的猶豫時期所遭遇的問題。投入戰後法國現實的知識界所批判的，也是卡繆這份徬徨以及所緣生的對歷史的誤解。到一九五五年，卡繆對歷史的誤解經以「零度寫作」（英譯Writing Degree Zero）崛起而成為新派文學理論家的巴特（Roland Barthes, 1915-1980）再度提出。這回卡繆已沒有一九五二年和沙特論戰時的霸氣，答覆巴特公開信的語氣和態度之謙和不能與一九五六年的囂張同日而語。

卡繆受到現實打擊最慘重的是前文已提到的一九五六年一月卡繆的阿爾及利亞之行。阿爾及利亞的獨立革命運動的志士在卡繆的演說臺上直接否定了他的哲學。一九五七年卡繆得到諾貝爾文學獎，得獎的理由是：「他的重要的文學作品以銳利的見識和真誠，闡發我們時代的人類良心問題。」這理由在五十年代當時的歐洲知識界看來真是一宗大諷刺。但是到了六十年代，西方知識界終於看出諾貝爾獎金機構的真面目：它代表西方的保守陣營。

沙特在法國的文壇也是一再被攻擊批判。但和卡繆不同的是：對卡繆的批判多半來自自由主義的左派和極端右派，而法國的共產黨對卡繆則採取沉默的態度；相反的，對沙特的批評則多半來自法國的共產黨當局。自從一九四八年法國共產黨的理論專家嘉侯迪（Roger Garaudy）把沙特歸入「墓園文學」（Literature of the Graveyard）集團，斥其頹廢懷疑的絕望心理開始，法國共產黨從沒有一刻放鬆過沙特。

沙特塑造了二十世紀西歐知識人的典型。單就思想的獨創性來說，沙特絕非是開闢新徑，而能主持風雲、發縱指使的大思想家，這方面他將無法和笛卡爾、黑格爾或馬克思比擬。然而在沒有大主義（cause）而只有小爭論（issue）存在的廿世紀，沙特發揮了做為思想家的知識份子的每一種特性。為了時代的種種小爭論，沙特付出他最大的代價。以一九六一年為例，沙特公開反對法國政府的國策，反對法國對阿爾及利亞的帝國殖民政策，主張讓阿爾及利亞人民獨立自治。在當時法國國內緊急的時刻，能挺身出來以真人道真自由之名，冒著大不敬，牴觸法國軍政決策而為被壓迫的阿爾及利亞人民請命，這種力求言行一致的見識與膽識決非虛張人道主義的卡繆所能比類。同樣是阿爾及利亞一件事，沙特和卡繆表現了兩種極端，一如一九五二年這場論戰，對同樣的問題兩人表現了相反的意見。一九六一年由於沙特反殖民政策之言論的激烈，他的巴黎的寓所遭炸。

沙特的**單人陣線**（one-man front）是他處於世紀中葉作為西歐思想家的標誌。他以知識份子的立場兩面為敵，隨時批評西方各國政軍當局的暴虐，他批評美國對亞洲的軍事和經濟的侵略，也抗議一九五六年蘇聯侵入匈牙利，批評史大林主義，指摘法國共產黨之僵化無能。造成沙特能夠，而且敢與兩面為敵，其主要原因在於法國一向能聽取和容忍知識份子聲音的偉大傳統。一九六一年為了阿爾及利亞事件，沙特連續做了反法國政府的言論舉動，有人質問當時的戴高樂為什麼不逮捕沙特，戴高樂的回答據載是：「但是沒有人逮捕伏爾泰啊。」又說：「沙特也是法國。」當然單靠法國對知識份子的寬待是造就不了沙特的，更重要的是要看沙特自己。今天，沙特的見識、膽識、常識、感性、悟性、知性在在的水平都已達到能夠與權威體制抗衡的境地，而更難能可貴的是他的老而不向現實妥協的堅毅。沙特在他的「單人陣線」下，寫他的小說、戲劇、哲學、政論、論戰，並且隨時挺身批評當道。

然而從歷史的恢廣的方向看起來，沙特的「單人陣線」難免帶有它的悲劇性。從一九六八年五月的法國學生革命和一九七〇年十一月的「人民運動」（La Cause du Peuple）

事件看來，沙特顯然還繼續發揮他的「單人陣線」的功能，然而歐洲現前的社會情況之死滯以及歐洲以外地區的消息情報之缺乏輸入等等，都限制了沙特的視野和透視力。六十年代赫魯雪夫主義解凍了五十年代美蘇的冷戰局面，相當刺激了一群美國的自由主義份子，使他們拋棄舊有的中立主義思想而走向現實。然而冷戰的解凍似乎對沙特這類知識份子已不能產生什麼改變。因為沙特今天所需要架橋溝通的是被隔絕疏離的東方，是正在勃興的第三世界。一九六四年沙特拒絕當年授與他的諾貝爾文學獎所發表的言詞已透露了這個意願。特別是亞洲的發展可能給沙特帶來某些思想上的進境也未可知。

五十年代初期，沙特已自覺到本體論的哲學的貧乏，這套哲學在抽取存在共相的過程中，犧牲了殊相的獨特單一性，泯滅了殊相所含有的歷史性，隨即也抹殺「處境」問題的重要性。沙特揚棄這一套本體論之後，向社會學的方法吸收新養份，建立他的辯證理性的社會學，以沙特自己的話說，是哲學的人類學。然而從純學理的領域轉向實際的社會現實時，沙特所遭遇的厄逆遠較在純理論的摸索中所遭遇的為多。與東方隔絕的現實——在五十年代的沙特看來，資本主義社會以美國為典型，共產主義社會以蘇聯為代表——也限制了他對實際歷史發展的了解。在一九五六年卡繆的自辯公開信裡，卡繆質問沙特：（一）社會主義革命是否已體制化？是否已僵化？（二）蘇聯當時的現狀是否就是社會主義的止境？蘇聯是否就是共產主義的榜樣？（三）五十年代之後革命是否可能？沙特在答覆卡繆的這些問題時，沒有多少肯定的措詞。對於社會主義在廿世紀的實際發展沙特也不甚明瞭的罷！

然而五十年代的冷戰時期過去，再經過六十年代第三世界運動的勃興，然後回頭再看一九五二年這場「卡繆—沙特」的論戰時，則顯而易見的，當時沙特把握的問題遠較卡繆為透徹，而問題的歷史面也遠較恢廣。這場論戰或可以用一個問題來盡賅它的全部內容，這個問題便是：

「自由」、「自律」、「個人」等等觀念或問題在歷史的過程中應該怎樣被提出才有準效性？

這個問題預先假定：（一）根據自由主義的界定，則「自由」、「自律」、「選擇」、「個人」等問題，在歷史的某些階段之中——例如革命階段，可以不成為時代的中心課題。亦言之，這些問題可以不必用來作為依以生活的價值，因此在現實裡，這組問題可以聽其自行消滅。（二）這組問題並不是以任何方式，任何方法學被提出而可以有同樣的準效性。在獨裁封建的國家，「自由」、「民主」一再被叫囂，而「自由」和「民主」仍可以不來。實際上，沙特放棄《存有與空無》的方法以後，從一九四六年《唯物主義與革命》開始，便一直在尋求解答這個問題。

在五十、六十年代裡，對於這組問題感到迫切而加以研究的國家有：

一、從戰後便持續不斷的去把握這組問題的有法國和英國（以羅素為代表）。

二、一九五三年史大林主義結束以後，蘇聯緩和對東歐共產國家的高壓，「自由」、「個人」等問題被這些國家所歡迎，特別是波蘭、南斯拉夫。

三、戰後的亞洲國家只有日本。近兩年來的菲律賓藉學生運動曾有間歇性的接觸。

四、一九六四年以後的美國。

其他地區或國家之所以沒有用力於這組問題的探討，其原因各有不同，較為顯著的原因是當地處於革命狀態，或受獨裁政權的壓制，或當地沒有建立知識界或哲學論壇等等。

然而統觀以上所列的幾個國家，撇開英國不論，（羅素生前亦以「單人陣線」著稱。）對這些問題的研究所採取的方向，可以窺出當代西方知識研究背後的消極抵抗心理。

東歐國家受惠於「史大林主義的解除」（De-Stalinization），便大量將沙特的存在主義輸入，和馬克思主義融接，並且反抗蘇聯當局正統的馬列主義，而強調馬克思青年時期帶有人道主義的著作，尤其以《一八四四年經濟哲學原稿》為其思想的歸宿。在波蘭的共產黨裡，這種思想取向最為顯著，波蘭勞工黨中央委員會的委員亞當謝夫（Adam Schaff, 1913-2006），以黨領的身份公然攀附人道、自由，以對抗正統馬列。因袒護學生運動被開除波蘭共產黨籍的前華沙大學哲學教授柯拉可夫斯基（L. Kolakowski）更是此派的領導人物。

這一派在東歐盛行的「青年馬克思運動」乞靈於沙特早期的，已被沙特自己揚棄的《存有與空無》的地方甚多，這一派哲學運動最大的功用是高抬「自由」、「人道」以消極抵抗蘇俄政治上的壓力。而就哲學本身而言，則敞敞無高論。

青年馬克思運動在美國最為保守派的佛洛姆（E. Fromm）所鼓吹。他稱這個運動為社會主義的人道主義，其核心思想還是自由主義。在六十年代的美國，佛洛姆在思想界的地位一落千丈，最主要的原因是他的思想的庸俗已不能滿足社會激變中的美國，《逃避自由》，《健全的社會》，《自我的追尋》的年代已過去，佛洛姆不能深入美國的社會結構去分析，而僅僅守著形式主義的思想方式在美國已漸漸成為陳跡。

大抵歐洲的青年馬克思運動以政治的反抗意味為重，到底「自由」、「自律」、「選擇」、「個人」等問題如何在哲學上被處理才能落實卻多半不能深入考慮。這組觀念似是輸入的一批嗎啡，當作政治疲憊時期暫時的興奮劑。

把「卡繆—沙特」的論戰放在這個國際的透視觀點來看，便可以知道這場論戰，可以作為國際青年馬克思運動的前趨，一九五二年卡繆那些被沙特批駁的論題被歐洲共產國家撿過去，當作膏藥，貼在被蘇聯的政治摧殘出來的傷口上。然而「自由」、「選擇」、「個人」等問題能作消極的痛苦的慰藉品嗎？卡繆的回答想必是肯定的，但是沙特卻不相信。

原載《夏潮》第二卷第七期，筆名李寬木，台北：夏潮雜誌社，頁七—九，一九七七年七月。

戰後西方自由主義的分化

——談卡繆和沙特的思想論戰（一）

一九五二年八月，卡繆和沙特以公開信的方式，從此對歷史和政治問題展開了一場針鋒相對的辯論。這是戰後西方自由主義陣營內，一場較有代表性的思想論戰。論戰的雙方當時都是自由主義份子：一個是保守派，對近代革命史的發展，採取保留的態度，對於眼前的現實處境也多半取「中庸」之道，消極的批評多於積極的創發；另一個是激進派，反對形而上的歷史觀，主張個人投身於現實，定位於歷史，不超然於歷史之外。他看出自由主義思想方法的貧乏，力求擺脫這一套思想的束縛，而另找出路。

藉卡繆和沙特這一場公開的思想論戰，可以稍為了解戰後西方知識份子的思想概況，了解自由主義世界觀所面臨的問題，它所遭遇的窘境和沒落，以及覺醒的自由主義者怎樣在意識型態上掙脫舊的藩籬而另闢途徑。而且，倘能找到新的出路，這一條新途徑又能鋪多遠等等的問題。

這裡，我們以這一場思想論戰作為討論的起點。

卡繆和沙特，這兩個人本來是藝術上的伙伴，也是思想上的同道。一九四三年卡繆在沙特的戲劇《蒼蠅》的綵排中第一次和沙特見面。當時納粹德軍正騎在每一個法國人的頭上，戰爭又間接助長了他們在思想上反叛古典形上學的信念。一瞬間，外在的戰爭和內在的思想歸趨，這雙重因素馬上將這兩個法國人緊緊結連在一起，彼此引以為同道。但是，一九五二年八月僅僅一回合的激烈論戰就結束了他們一段將近十年的友誼。從此道不同不相為謀，在區區巴黎的知識界裡，這兩個人互相避不見面，彼此成為不能共容的思想敵人。

就思想發展而言，我們可以說，戰後的幾年間沙特的思路步步在更新、隨時揚棄過去的思想，攝取現實中新的體驗，溶造新的思維觀點。卡繆就躊躇不前，青春期的虛無感受和荒謬主義的世界觀一直蠱惑到他的中年。在思辯的過程裡，卡繆隨時表示效忠他早年建立的荒謬體系。從這兩個人思想道路的不同擇取及其發展看來，一九五二年雙方的論戰終究是難以避免的。即便不發生在一九五二年，也會發生於一九五二以後的任何一年。

一九五一年十一月，卡繆出版《反叛者》一書，闡發他久年孕育的政治原理。一九五二年六月，尚森（Francis Jeanson）在沙特主編的月刊《現代》（*Les Temps Modernes*）上面發表長篇書評，指斥卡繆《反叛者》裡的形式主義。尚桑認為卡繆言詞燦然，語氣高超，思想單薄，對於龐雜的現代政治現實，毫無攝取解釋的能力。尚森這篇評論直接導致卡繆和沙特的決裂：在同年八月號的《現代》雜誌上，同時刊載了卡繆致沙特的公開信以及沙特覆卡繆的公開信。在信裡，彼此盡其刻薄挖苦之能事。卡繆的信是直接寫給《現代》的主編的。盛怒之下，卡繆連有了十年友情的名字「沙特」都無法容忍，而呼之以「主編先生」。在信裡，卡繆著意漠視尚森的存在，對著沙特稱尚森為「你的書評家」。以地中海文化的衛士自詡，言論上主張中庸謙遜的卡繆，卻一時收斂不住。沙特的覆信也失其一向強有力的雄辯，在冗長的覆信中就一味的嘮叨。雙方爭辯的內容也就不顯得格外突出。彼此爭辯的要點大抵可歸納為：卡繆指責沙特對蘇聯苛政──例如集中營──的容忍，並表示自己對社會主義所標懸的烏托邦的彌賽亞主義沒有信心；沙特的答覆是，卡繆如此處之超然，與歷史脫節，和抽象結合，怎麼能對當代所進行的各項政治、社會上的鬥爭有所了解，從超然抽象的觀點看歷史上的鬥爭，所得之結論也終究陷入超然抽象。知識份子所依持的知性和意理，倘不納入現實去運作，必然會被拋出歷史運行的軌道之外，知識就不能在現實裡生根，知識份子也就成為站在歷史發展之外的「異鄉人」，只能對現實作壁上觀，而不能參責其間。換一句話說，兩個人所爭辯的核心是，怎麼看待和解釋近代史的問題，以及個人與歷史之間的關係問題。

我們先看卡繆的思想根源和它發展的軌跡。

反叛者的形上學

引起卡繆和沙特論戰的是卡繆的《反叛者》一書。貫穿《反叛者》一書的中心概念是一種形而上學的反神理論，而這個理論的始祖則可以推溯到十九世紀俄國小說家杜斯朵也夫斯基筆下的一名上帝的叛徒伊凡．卡拉馬佐夫。

在杜斯朵也夫斯基的小說《卡拉馬佐夫兄弟們》一書中，作者塑造了一個十九世紀俄國封建社會裡代表宗教激進派的青年。他是卡拉馬佐夫一家四個兄弟中的老二，伊凡．卡拉馬佐夫。杜斯朵也夫斯基的個人主義的無神論在伊凡的身上有了盡致淋漓的發揮。伊凡．卡拉馬佐夫是個無神論者。在他的無神論裡，上帝的存在與否並不是一個最根本的問題。在他看來，即使上帝存在，無神論的論據仍然可以成立。伊凡·卡拉馬佐夫所把握的神不存在的證據是一組世間活生生的苦難現象：如果上帝存在，世間就不應該有邪惡當道，正義不張，而人類活活受罪的事實；如果世間沒有正義，人類不能免於受罪的話，那麼即使上帝存在又有什麼意義呢？這是伊凡的推論。他把握了一組人類被侮蟻、被損傷、被踐踏的人壓迫人的活證據，而藉以振振有詞地反抗上帝，否定他的存在。

在小說中，當伊凡第一次和他的弟弟老三阿里奧謝在酒樓上交談時，伊凡在一口氣之間將他平日收集的一些無辜的人受壓迫的實況和盤托出：

1. 私生子李察。六歲時送給牧人收養。在瑞士的山巒上，每天一早給打發出去看牧，沒有一頓吃飽過，偷吃了豬食，便挨打。在饑餓凌虐中成長的李察到日內瓦，白天做粗工，晚上便把所有的錢喝光。終於殺人謀財被捕。李察被判死刑。在他上斷頭台之前，城裡的基督徒，上流社會有教養的老爺貴婦們一致衝到牢裡，慫恿李察在神前仆首認罪，而誘之以基督的神光。臨死前，李察經過這批有教養的上流人士的疲勞折磨之後，在恍惚之間，認了神寵，領了神恩，便走上斷頭台。滿街的教徒一路吻著他，一面高喊：「死吧！兄弟，死在主的懷裡。」就這樣，在基督教弟兄的友善烘托之下，李察被砍下他的頭顱。

2. 一對有教養的父母，代表著典型的歐洲人道主義。他們虐待自己的兒女時，心理上總燃燒著一股隱密的興奮和狂烈。他們終於將內心的亢奮寄托到自己五歲的女兒身上了。

他們打她、抽她、用腳踢她，把她的身子擂成一塊塊的瘀腫。冰凍的夜晚，把她關在廁所裡。第二天，興頭再起，母親便把她的臉按在地上去擦屎，並強迫她吃。

3.一位俄國退職的將軍，把他剩餘的威武揮揚在田莊的行獵上。在兩千個農奴的頭頂上過著奢華的田園生活。一天，一個農奴的八歲小孩不慎用石頭傷了將軍一條心愛的獵狗，很觸怒了這位尊嚴的退職將軍。於是第二天的黎明，這個小孩便成了將軍追獵的對象。兩千條「靈魂」被集合在穿著彪武耀耀的制服的獵隊面前，然後將軍下令剝去這個八歲男孩的衣服，獵人趕著這個精光的男孩往前跑，隨後一群獵犬吠而追。這個嬰孩在母親及兩千個農奴的眼前，被獵犬撕成一片片，為將軍作懲罰下層階級最有力的表徵。

伊凡對他的弟弟阿里奧謝所傾訴的一組人間殘酷的實例之中，以上僅是其中的三例而已。[1]伊凡便挾這組殘酷的實例以否定神的存在。按伊凡的看法，即使神是存在的，然而他對現世中的殘虐現象——尤其是赤嬰的無辜受虐——束手無策或袖手旁觀。單憑「天地不仁，以萬物為芻狗」這一點，伊凡便有充份的理據去推拒神。基督教所宣揚的愛、無爭、和諧，在伊凡看來是不切實際的，而無法平心去接受它。伊凡對阿里奧謝告白：

「……和諧所定的價錢太貴了，我們出不起那麼多錢去買入場券。所以我趕緊把它退了票。我要想老老實實做一個人，我就得儘快退票，所以我就這樣辦了。並不是我不接受上帝，阿里奧謝，我只是向他退票敬謝不敏。」

「這是叛徒。」阿里奧謝低下頭去，囁嚅地說。[2]

這個叛逆的種子在七十年後成為卡繆思想的基磐。二十世紀的五十年代，卡繆在意識型態上終於成為杜斯朵也夫斯基右派保守主義的嫡系。

卡繆自稱是無神論者，其實他的思想是沿循著基督教的架構而發展的。在他思路的推演背後，神的概念支使一切。卡繆「由荒謬而反叛」的思想全貌，正如伊凡的「由體驗人間的殘酷進而推拒上帝」的鬥爭一般，其控訴的矛頭都指向超乎人間以外的某種抽象存在。——在伊凡，它是上帝；在卡繆，它是假人類的「普遍處境」的形式而出現。在思想演進的過程中，卡繆，正如伊凡，始終停頓在抽象的原則上：伊凡主張「上帝既不存在，則一切可以為所欲為。」卡繆擁護被壓迫的奴隸對著壓迫他們的主子喊出一聲否定的叫喊：「不！」但是怎樣去為所欲為？怎樣去反抗主子們的壓迫？這些問題，伊凡和卡繆一樣，不曾落實去措想。因此，卡繆，正如伊凡，一旦對著現實的鬥爭時，竟呈現出一副精神痴呆的面貌，而對社會各種不合理的現象提供不出正面的解毒藥方：在《卡拉馬佐夫兄弟們》這一本書裡，伊凡的「一切可以為所欲為」的觀念被他的白痴的幼弟，老四西莫迪亞可夫所剽竊而付諸實現——在上帝不存在，一切可以為所欲為的情況下，西莫迪亞可夫理直氣壯地謀殺了他的父親老卡拉馬佐夫。伊凡在道德上負起了謀殺的重擔，承認自己是思想上的主凶。然而伊凡的精神與肉體不能夠趕上他的激進思想，而最後竟弄得精神崩潰收場。一九五六年一月，阿爾及利亞民族獨立的革命正在猛烈進行之中，出生在阿爾及利亞的卡繆受法國政府之托，回到故鄉替法國政府在阿爾及利亞的文化界做思想的工作，卡繆拿他的形而上的人道主義思想對著實際介入獨立革命的阿爾及利亞人民演說，宣揚殖民主義的愛、無爭、和諧、共存共榮等等和平為表侵略為裡的西歐白人的沙文主義思想，當場被革命的阿拉伯人以及同情獨立運動的法國人大喝倒采。

卡繆當場為之感到尷尬失措，雖然不及伊凡・卡拉馬佐夫之精神崩潰那樣嚴重，但是，他們唯心的人道主義之禁不起現實的考驗則是一致的。卡繆和伊凡一樣，都是自認以高貴的情操出發，傳播人道主義，反對人間的殘酷，為生活在荒謬世界的人群請命，以拯救人道為己任。但是結局，兩人都被現實擊退，他們為始的人道主義的高貴懷抱也付之蕩然。伊凡神經錯亂，成了一具行屍；卡繆在阿爾及利亞的事件上暴露了他的思想面目，從而成為人民的公敵。從伊凡到卡繆，正可以看出西方人道主義的貧乏及其超現實的本質。

就思想本身而言，無論是有神論或是無神論的人道主義，它們所共通的根本毛病在於這個思想的論據建立在與現實脫節的形而上的基礎上。作為西方傳統哲學的一大支柱的形而上學有它天生的兩大缺陷。第一是**追逐共相的盲動**，第二是**自我否定的子位思想**。

追求共相本是認知活動上不可或缺的必然過程。但是在形而上學裡，哲學家們在攝取共相時往往忽略了時間和空間這兩大因素——即歷史和地理因素——所可能造成的殊相問題。形而上的哲學家隨時沉醉在「最後的」、「最高層次的」、「最根本的」的抽象共相上。他們在形而上學和本質論上，喜歡空談「存有」、「大有」、「太一」等等似是而非的觀念；論到人的問題時，又好奢談「普遍人性」、「人性永恆」、「不變的人性」等等捕風捉影的名目，而忽略了一定的歷史過程、一定的社會結構對人的意識型態和生活實質所施加的一定影響。譬如說，形上學家好談「喜、怒、哀、樂」、「悲、歡、離、合」是古今中外，不因時代、不為地域所轉移的「普遍人性」。人人都具有這些情感，沒有這些情感的人幾乎是不能想像的。但是怎麼會喜？怎麼會悲？為什麼而喜？為什麼而悲？這些問題形而上學家就很少涉及了。

喜、怒、哀、樂、悲、歡、離、合，因不同的時代條件、不同的社會結構而有不同的實質和不同的表現方式。換言之，人性是受時代和社會條件所限制的，它超越不了這些條件。拿「效忠」這個特定的人性來說，在奴隸制時代的社會，有些奴隸受到奴隸主的「教育」而可能欣然為他們主子的死亡而去陪殉，以示效忠。在封建時代欣然接受陪殉的人性漸漸消失了，但是另外一種人性又在其特定的社會條件下產生了，一個丫鬟可能因她所服侍的主人的死亡而去跳井或觸柱求死，像《紅樓夢》裡的瑞珠在秦可卿死後觸柱而死那樣。日本幕府時代的末期，商人階級崛起，造成武士階級的沒落，大群的武士成為無主可侍的「浪人」。這一群「浪人」武士遂興起切腹自殺的風氣。叩其他尚存的武士家之門，拜求賜予切腹的儀式，在武士階級特有的莊穆的儀式中切腹自殺，以示效忠其主。

奴隸制社會的殉葬、封建社會的殉死和日本幕府時代的武士切腹，這些不同的效忠方式是不同的社會背景、不同的意識型態所造成的不同的人性的表現。它們所引發的心理作用和涉及的思想動態是千變萬化，各具特色，實在不能同日而語，以一概全。而我們，處在我們特有的時代和社會條件下，對這三種效忠的意識活動又都感到相當陌生，不可能對之產生完全貼切的共鳴，因為我們已具有我們自己的思想和情操。這是就時代和社會環境的不同舉例看人性的不同。其次，在同一個時代和同一個社會之中，因生活條件和生長環境的不同也產生不同的觀念和感情，因而也產生了不同的人性。劉姥姥、焦大之看大觀園所引起的意識變化和寶玉、黛玉的就不同。

形上學家拋棄這些不同時代、不同社會、不同生活條件等所產生的不同的人性背後所蘊藏的那些微妙細緻的不同感受和不同思想不顧，而急忙地去一以貫之，幾招粗大的思想轉折之後就一下子跳到純粹抽象的高峰，率爾歸納，然後就去捕捉那「最後的」共相，放棄時空因素，而在子虛烏有之境酩酊起來。這實在是認知過程中的怠惰、輕忽的行為。這種知識單純化的現象顯示了形上學家忽視一個事實。那就是：具體的、鮮明的、活生生的人性是由「殊相」，而不是由單純化的、過份概念化的「共相」所造成。換一句話說，在「共相」層次上的喜、怒、哀、樂、悲、歡、離、合，這些東西只具有蒼白貧乏的概念，而無實際內容。它們還不能構成人性。非得涉及怎麼喜怎麼悲，為什麼喜為什麼悲等問題時——也就是不同的客觀條件造成不同的主體反應的實際和原因——這些東西才轉化為有生命的觀象，才具有了人性的條件。

一九五二年尚森指責卡繆忽視各種歷史階段中的社會基層結構，而只關心上層建築中的幾個抽象觀念的不當，便是從上述的理據出發的。尚森的書評使傲然若一派宗師的卡繆為之惱怒，一點也聽不下尚森的話。一九五六年阿爾及利亞的革命終於給了卡繆一場實際的教訓。卡繆從法國帶到阿爾及利亞去宣揚的「愛」，並不是普遍的「人性」，它不但沒有普遍性，更沒有永恆性。革命的阿爾及利亞人唾棄卡繆所帶來的「愛」。進行獨立運動的殖民地當地人民用他們的血，由恨他們頭上的法國殖民主義者出發，而去爭取他們所要的平等互惠的愛。而不是壓迫者的假愛。卡繆當時販賣的愛正是代表法國帝國主義利益的殖民政策的愛。其目的在維持阿爾及利亞的殖民現狀。以卡繆主張人性普遍而永恆的形而上的人道眼光看出去，並看不到維持殖民現狀底下無形的和有形的壓迫和殺戮。宣揚人道，而事實上自己患有人道色盲的人道主義者們和自由主義者們所宣揚的人道何在？所標榜的自由何在？

形上學的第二種缺陷是它的**子位思想**。致力於追逐永恆、普遍之後，緊跟著產生了對「絕對」的崇拜心理。因為剝去事物的特殊性之後，事物間的共同屬性在純理的上層結構浮現。在形上學的等級（Hierarchy）的頂位便是推無可推的「大有」（Being）或「太一」，中世紀的歐洲神學以神代替了這個「大有」。依賴這種等級作思考的人，「本質」的觀念也是不可避免的。「存有」、「太一」、「本質」、「神」，這些僅是同格異名的東西而已。在不同的時代，不同的思想派別（無神論、有神論等）裡，以不同的名稱出現。它是超乎各別的事物而且君臨各別的事物而存在的，因為各別的事物的屬性均須回溯到位於最上層的它。「神賦予人以本質」是這系思想最具體的說法。在這等級表上，人的存在和一張桌子的存在其地位是一樣的。如果要加以區分的話，則——正如黑格爾和沙特所說的——人的存在是「對自存有」（Being-for-itself）或「自覺存有」；桌子的存在是「即自存有」（Being-in-itself）或「本然存有」。換一句話說，一個是有意識活動能力的，另一個則無。然而兩者均歸屬於「存有」則不待說明。因此，依有神論的立場看來，人終於歸屬於神是當然不駁的事理——人是神之子。至於形而上的無神論者的立場就比較曖昧。既然它擺脫了神的觀念，則人按理可以翻身以代，而以自主本位的立場出發才是。但是事實卻不然，無神論仍然擺脫不了形上學的思想架構，擺脫不了神在冥冥之中操縱人的這一個陰影。神雖已退隱，人卻仍逗留在子位上。存在主義之沒有徹底革掉古典形上學的命，其癥結在此。大抵存在主義之反古典形上學一如費爾巴哈之反唯心主義，都是止於半條命的革命，而歸結於舊瓶新酒的保守漸進的改良主義。如果費爾巴哈代表的是古典德意志哲學的終結，那麼存在主義便徹頭徹尾開了一次倒車，跳回古典主義去了。

海德格和一九四三年的沙特還一再強調人的子位處境，例如他們論及人的境遇時，喜歡用被動式：「人被拋棄在世界裡。」「人被注定是自由的。」「人被迫去擔起責任。」等等。沙特說：

我被拋棄在世界裡，並不意指我在這充滿敵意的世界裡會一再被拋棄或一直消極下去，像海上的一片浮板那樣。而無寧是指著，我突然發現自己孤獨無助，更發現自己所投身的世界得由自己擔起全部的責任，而無論如何，一刻也不容自己解脫這份責任。[3]

這是子位思想的告白。發見自己孤獨無助，其實乃是神隱退之後，處於子位的人們的無告所造成的處境。以為「神—人」才構成根本交通的思想常常忽略了或歪曲了人類社會中各階層的衝突。這些追求天人交會的玄學家們雖然身在社會之中，但是看不到社會問題的核心，而寧願拿各種社會問題去訴諸於神。然而，一旦他們發現神早已崩薨，自己便像孤兒一般嚎嘤起來。這一類苦悶全然是形上學逼出來的超現實的情緒。再者，像沙特所說的，人要擔起自己所投身的世界的全部責任，這是一種不切實際的豪語，是神薨之後，個人英雄主義的排場。無論如何，嚎嘤也罷，作英雄狀的豪語也罷，這都是同屬於一類思想根源的兩種不同表現。是玄學家在無神的年代所作的一體兩面的表現。隔絕於社會群眾而孑然與天地遊的個人，無從了解社會，也實在負不起像沙特所說的這麼大的責任。如果將自己定位在自己所處的歷史和社會，認清了問題的實質，而以群體的力量來對付面臨的問題，將不致引起四十年代沙特所強調的「可怕的自由，可怕的責任」。

形上學之為害，以上述的這兩種缺陷，即追逐共相的盲動和自我否定的思想為最。這兩種缺陷先天地決定了形上學面對著當今錯綜複雜的社會而無從把握了解的虛脫面貌。而卡繆的思想恰恰以這兩種思想缺陷為其哲學機軸。以下我們藉這個觀點來進一步考查卡繆形上學的發展脈絡和它根本的缺點。

被動的反神論

在存在主義圈內，受子位思想之害最深重的當推卡繆。卡繆雖然自稱是個無神論者，但是他的「由荒謬而反叛」的叛徒理論必賴神的觀念而後才可以成立。「神」和「反叛」是平衡卡繆叛徒思想的兩極；神不存在，則叛徒無從進行反叛，沒有神在冥冥間操縱人的觀念，叛徒就無所謂要不要對神反叛。但是，如果接受神，則叛徒的立場隨之消弭。這種進退維谷的思想立場，尚森稱為被動的反神論。卡繆並不是真正的無神論者，他是二十世紀伊凡•卡拉馬佐夫的化身，他的哲學基礎是反神而不是真正的無神論。一方面無限關懷人間的殘酷現象，另一方面又不能介入現實社會，致力於消除這些令人不能平的殘酷事實，卡繆——和伊凡一樣——只能抬頭望天，拿人間的黑暗向上帝控訴，滿腔是對神的怨懟；然而又為了不願意同上帝所創造的，又殘酷又荒謬的世界妥協，最後他掉過頭來，要堅決推拒上帝，要否定他的存在。這種形而上的思想轉折是搭架在人和神之間的，是一種哲學上的超現實主義。地面上由人創造的歷史在這脫離歷史現實的思想架構中自然不占主要的地位。歷史上人類自己之間的鬥爭所造成的苦痛、壓迫、死亡都沒有定位在歷史的過程中去謀求解決的途徑。反而把這些歷史現象從歷史中抽離出來，先剝去它們的現實意識，然後再賦予某種永恆和普遍性，最後把它們當作代表人生荒謬的永恆概念。卡繆就以此為理由來駁斥上帝的惡作劇，要與上帝作永恆的戰鬥。

卡繆既然忽視了歷史演變的意義，而將社會的矛盾鬥爭抽象化、永恆化，他的反神論自然就否定歷史有向前進展的可能性。基於這種世界不變的世界觀，卡繆，正如十九世紀的杜斯朵也夫斯基，對實際社會政治的變革總採取保守的態度，以不變的世界觀應歷史演進的萬變。

西蒙・德・布瓦在她的第三本自傳《環境的力量》中回憶卡繆和沙特之間的論戰的思想背景時說：

事實上這個友誼（指卡繆和沙特）之所以破裂得這麼劇烈，只因長久以來，兩人之間已經沒有什麼友誼可言了。

政治和思想的分歧早於一九四五年就存在沙特和卡繆之間，這個分歧一年一年的增強。卡繆生前是個唯心主義者、道德家，而且反共。曾經被迫臣服於**歷史**（係指卡繆二次大戰期間在德國占領的巴黎做地下抗敵工作），然後便設法儘早脫離。對於人間的痛苦甚為敏感，他卻將這痛苦歸咎於**大自然**；沙特則自一九四〇年起便儘量推拒唯心主義，擺脫本來有的個人主義，而生活於**歷史**之中。[4]

依據卡繆的唯心主義，人被投入荒謬世界這一事實，只有依賴消極的逆神姿態得以補償，於是希臘神話中的希西法斯成為卡繆做人處世的英雄樣板：希西法斯被眾神懲罰，命他將一塊大石推上山頂，石頭再從山頂滾下，希西法斯再重新從山腳推起，這樣返復沒有休止，永生受罰，一生只做這一件單調徒勞的工作。然而希西法斯卻能「一面否定眾神，一面推他的石頭……往山頂推石這一掙扎本身便足以使一個人衷心愉悅，我們必須想像希西法斯是幸福的。」[5]尚森在駁斥時說：「這種形而上的罪惡只能以『形而上的尊嚴』對之。而這種形而上的尊嚴就是以反叛的代價『將這份荒謬保存在世界裡』，而這反叛本身也是荒謬的。」[6]

神赦下的和平

尚森的批評不止於卡繆的《反叛者》一書，連帶的卡繆的小說《異鄉人》、《瘟疫》也同時在批評之列。給卡繆的思想作了一次通盤的評價。其中尤為尚森所詬病的是《瘟疫》這一本小說裡所設計的大象徵的錯誤。卡繆在《瘟疫》裡所要處理的是，以德軍佔領巴黎為體裁，描寫在這種「極限境遇」之下個人的各種遭遇。這無寧是二次大戰以後法國文學所處理的各種主題之中極為優秀的一個。但是，這樣銳力迫人的現實主題卻被卡繆用一個黑死病的象徵來表現，以一種不可抗拒的疾病的黑影罩在一場激烈的人為鬥爭之上，不但削弱了這場鬥爭的火力，更糟糕的是整個曲解了第二次大戰的歷史意義。卡繆這一個象徵的設計令身歷其境的歐洲人——尤其是從事地下抗敵工作的法國人——大為憤慨。五十年代法國批評界稍有社會意識的人一致認為這個象徵要不得。尚森是對這部小說作攻擊批評的主要人物之一。除了大象徵所意味的思想偏差之外，小說所採用的敘事觀點和文體都在尚森的批評範圍之內。「從超越的，抽象的，不曾實際生活於事件之內，而只能對之冥想之主體」[7]所投射的觀點去描述德軍占領巴黎的事件，這是尚森所謂的「超越主義」。

《瘟疫》和《反叛者》在思想上是一脈相承的。對實際介入歷史，參與鬥爭，卡繆並不表熱衷。他寧願將自己從歷史事件中抽離，而對「生命一般」採取疏遠的焦距，然後再作宿命論的觀點。納粹的兇悍、蓋世太保的酷刑、法國人民的地下抗敵，這些事實不從歷史的發展、社會結構中的矛盾去刨根問底，卻整個歸咎於冥冥間那股超然存在的力量。而這場鬥爭的責任問題，照卡繆看來，也不應責之於某些國家、某些階級、某些集團，因為倘這樣做，就根本違反了他的反神論。卡繆不深入歷史去探尋清算的對象，對於這樁納粹侵略壓迫的罪案，反而又喚了神的魅魎來主持公堂。這便是用不能加以克服的瘟疫的象徵來代表一場活生生的帝國主義國家之間的鬥爭所令人失望的地方。

卡繆將事件的發生放在北非的奧蘭城。一九四×年，這個城市被瘟疫襲擊而被封鎖起來。在瘟疫的桿狀細菌的凌虐下，被鎖在城裡的每個各人以各自不同的立場、不同的動機對頑戾的桿菌作無望的鬥爭。之所以無望，是因為這場病患不是靠人力所能克服的，而只能任聽自然力的擺脫。在《瘟疫》一書的結尾，桿菌之離城而去，正如它在小說開始的不期突臨一樣，不是人力所能控馭的，而只能看神的意思而定：

瘟疫不會久遠消跡滅亡的；它可以在桌椅、衣櫥裡潛伏好幾年；它在臥房、天花板、衣箱、書架裡伺機而出；可能這一天會再到來，為了毀滅和啟迪人類，瘟疫再度喚醒老鼠，驅促它們去幸福的城市死亡。[8]

卡繆認為人類的處境根本是荒謬而背理的，瘟疫成為他心目中上選的象徵，是「控引生命的根本背理性的象徵。」[9]在瘟疫的籠罩下，眾人只能依循希西法斯的道路去做徒勞無果的努力。這是一種無為主義的宿命論。從這個觀點看來，《瘟疫》的意識型態比卡繆早期的小說《異鄉人》所表現的更為落伍。

在《異鄉人》裡主人翁末索背叛了西方社會資產階級的道德次序。在母歿、性愛、受審等等生活的關鍵上，社會期待每一個人有固定的道德反應，一旦行為歧出這種常規，就被目為異類或叛徒。末索之被判死刑，一半在於母親出殯時表現的冷淡和出殯的當晚就和女友睡覺。法庭認為其人本性頑劣，結果便以法蘭西的名義判他死刑。然而末索卻欣然就死。在死刑的前夕，他終於歸結到「我一向是快樂的，現在還是快樂的。」[10]以鎮定的心情接受死亡。那個社會所加諸於他的最大懲罰——死刑——並沒有在末索身上起一點責罪的作用。末索，以其孤絕的個人力量，以不妥協的態度，否定了他所生存的社會之全盤偽善。

在《瘟疫》裡，連《異鄉人》中末索這種消極的社會反抗意識也蕩然不存了。代之而來的，是對天的反抗。尚森認為從《異鄉人》到《瘟疫》所介紹的人物是從介入的主體過渡到超越的主體。意識型態從人的世界滑入無何有之鄉。卡繆自己辯解道：「如果從《異鄉人》到《瘟疫》之間有任何演變的話，那麼它的方向是從孤獨到介入。」[11]卡繆在這裡所說的「介入」觀念是第二義以下的。誠然在封鎖的奧蘭城裡，卡繆的小說中的各階層人物都被迫參與反抗瘟疫的活動。然而這種被動而無入世意義的參介不是第一義的。第一義的「介入」必須要掃除形而上的幻影，而認定人類的錯誤（饑餓、戰爭、帝國主義、殖民主義等等）必能在人類自己的歷史中求得錯誤的根源，而必能由人類自己求得解決的方案。不必將人的錯誤歸咎於神，或委之於超乎人自身以外的黑死病。耶世培斯（Jaspers）責難二次大戰德國的罪惡時，把問題的重心放在人自己身上，而且放在每個個人的身上：

每個人對自己被統治的方式應該負責。[12]

用一種罪名去控告整個民族那是毫無意義的，罪犯總是個人的。[13]

耶世培斯這兩句話背後的理論根據固然還有商榷的餘地，但是在這裡，卻暫時可以用來針砭卡繆思想的偏差。卡繆在思想上的保守退縮是相當嚴重的。當戰爭的罪過要分配到每個個人——連保持沉默的個人——去擔當的時候，卡繆將整個戰禍推給黑死病。人的罪惡在一轉位之間得到了大赦，而將罪惡轉嫁給自然界。卡繆僅僅用了一個瘟疫的象徵，便洗脫了人的罪名，替二次大戰期間的統治者的罪惡與被統治者的沉默無為開脫。這樣看來，《瘟疫》一書何嘗不是出賣了因二次大戰而犧牲的人們——尤其是介入當時地下抗敵運動的卡繆的法國同胞。

卡繆囿於形而上的反神思想，他瞀亂了許多歷史真象。更由於這種只歸咎於神而不責罪於人的無為哲學，使卡繆得到了「世界不能改變，而只能加以抵拒」[14]的結論。正如《瘟疫》的結尾所表示的，瘟菌是離去了，但是誰也沒把握它什麼時候會再來。人等待著，沒有預測，更沒有杜絕它的能力。在神還沒有再度驅使桿狀細菌來到人間以前，人暫時在這一段間歇中得到神的特赦，和平地生活著。在神的惡謔擺布下，人只有堅忍、謙虛、勇敢地生存下去。而這些堅忍、謙虛、勇敢等等的情操，只有在人與神對抗的條件下才突出它們的意義。換一句話說，這些情操有它們形而上的意義，而缺乏因人際關係而產生的社會意義。卡繆一心與瘟疫搏鬥，與神抗拒。在這種天人交會之際，歷史沉落，人類社會種種實際的革命鬥爭成為一串沒有進步意義的現象。卡繆這種思想，用中國古代荀子的一句話來形容，就是「蔽於天而不知人」。

原載《抖擻》第二期，香港：抖擻雜誌社，筆名羅安達，
頁一—十。一九七四年三月。

1. Dostoyevsky, Fyodor, ***The Brothers Karamazov***, tr. Constance Garnett, New York, 1950, 二八三—二八八頁。
2. 同上，二九一頁
3. Sartre, J.-P.. ***Being and Nothingness***, tr. Hazel E. Barnes, New York, 1956, 五五五—五五六頁。
4. Beauvoir, Simone de, ***Force of Circumstance***, tr. Richard Howard, New York, 1963, 二五九—二六〇頁。
5. Camus, Albert, ***The Myth of Sisyphus and Other Essays***, tr. Justin O'Brien, New York, 1959, 九十一頁。
6. Jeanson, Francis, "Albert Camus: ou l'ame revolt'ee.", ***Les Temps Modernes***, No. 79, June, 1952, 二〇七四頁。
7. 見註冰，二〇七二頁。
8. Camus, Albert, ***The Plague***, tr. Stuart Gilbert, New York, 1958, 二七八頁。
9. King, Adele, ***Albert Gamus***, New York, 1964, 七十七頁。
10. Camus, Albert, ***The Stranger***, tr. Stuart Gilbert, New York, 1967, 一五四頁。
11. Camus, Albert, "Lettre au Directeur des Temps Modernes", ***Les Temps modernes***, No. 82, August, 1952, 三二三頁。
12. Jespers, Karl, ***The Question of German Guilt***, tr. E. B. Ashton, New York, 1961, 二十九頁。
13. 同上，四十頁。
14. Thody, Philip, ***Albert Camus: A Study of His Work***, New York, 1957, 二十九頁。

戰後西方自由主義的分化

——談卡繆和沙特的思想論戰（二）

一九五二年六月，法國的評論家弗朗西斯・尚森在沙特主編的《現代》月刊（*Les Temps Modernes*）發表長篇書評，批判卡繆當時出版不久的《反叛者》（*L'Homme Révolté*）[1]一書。這篇書評直接引起了卡繆和沙特之間一場意識型態問題的論戰，雙方就近代西方歷史的解釋、社會主義革命的前景、知識份子的何去何從等問題，在暢述一己的見解之餘，彼此毫無保留地痛斥了對方所持的立場。這是戰後法國知識界一場具有代表性的論戰，揭露了法國知識份子在戰亂的衝擊下，意識型態與意識型態之間的衝突以及隨之激化的一個側面。[2]

卡繆的反駁：向馬克思主義挑戰

卡繆將一七八九年以來西方林林總總的流血革命、社會改革、哲學思潮、文藝運動，擇其主要的意識取向，加以貫穿銜接，發現紛雜的現象底層存在著一條相承不息的潛流，指使這條歷史潛流不斷向前滾進的動力，來自近代西方人特殊的心理狀態。這種心理狀態，卡繆稱為反叛，持有這種心理狀態的人，叫作反叛者。

近代的西方人在反叛什麼？卡繆回答說，在反叛上帝。一場法國大革命打下來，死亡的名單上赫然出現了上帝的名字。發現西方上帝死亡的不是卡繆，早在十九世紀尼采和杜斯朵也夫斯基已經宣布了上帝的死亡。卡繆毋寧是揭示了上帝的死因。根據卡繆的看法，西方這個上帝不是自然老死的，而是被人類弒殺的。人類蓄心積慮，用盡心機來謀害上帝，最後的目的是要求取上帝之位而代之。這種心機和目的，卡繆認為就是近代西方歷史發展的原動力，而馬克思主義和社會主義革命不但是這種原動力激盪下的產物，而且還是它空前的極致表現。

尚森站在同情馬克思主義的立場批判了卡繆的《反叛者》。他藉著評書，把卡繆到一九五二年為止的整個思想歷程作了通盤的分析。尚森的結論暗示說，卡繆在《反叛者》一書內批判馬克思主義等於是在接受資本主義社會，承認這個社會可以採取血腥鎮壓的手段來對付受壓迫者，同時也為布爾喬亞知識份子的罪孽感進行安撫，最後還向右派輸送了反動的思想彈藥。

卡繆經沙特的邀請在八月號的《現代》著文反駁。卡繆認為尚森同情馬克思主義的論點無非是要將人類從一個牢籠放出，再放回另一個牢籠，而把他們推往奴役的道路。卡繆指責說：

> 把人類從一切枷鎖中解放出來，只為了實際上再把他禁錮於歷史的必然性之中，這等於

是先剝奪了他進行鬥爭的理論根據，只為了把他交給唯效率是尚的政黨去處理。這同虛無主義的法則是一致的，根據這一法則，人可以從極端的自由滑到極端的必然。而這除了決心製造奴隸之外，並無其他目的。[3]

尚森指責《反叛者》的論證方式過於形而上而不能適用於任何實際政治問題，卡繆不接受這種指責，同時他認為自己並不是像尚森所想像的那樣推拒歷史和否定歷史的進展。卡繆反控尚森實際上是站在歷史預言家的立場在說教的：

> 如果你的書評家[4]要證明他批評我的書（按指《反叛者》一書）所採取的立場是否正當的，他就應該證明……歷史具有必然的意義和一定的結局，證明當代歷史駭人聽聞而雜亂無章的面貌只是表面的現象。而相反的，歷史雖然顛沛浮沉，但是畢竟是要朝向和諧的階段進行的，這個階段標誌著最後自由的來臨。……只有具備預言能力的馬克思主義（或是永恆的哲學）才會一筆抹殺我的立場而同時又可以自圓其說。

卡繆在反駁的長文中指明《反叛者》所討論的是革命行動背後的意識型態問題，所批評的是後黑格爾時代的虛無主義和馬克思主義的歷史預言，所責難的是信仰歷史是朝著完美的共產世界邁進的歷史主義造成心理的自滿和理性的怠惰。卡繆在駁文中說：

> 事實上，《反叛者》一書試圖表明的是，反歷史主義和純歷史主義[5]是同樣令人痛心的問

題，至少在今日的世界是令人痛心的——必要時，書上幾乎有一百條引述可以證實這一點。真心誠意的讀者可以在書上讀到，唯歷史是信的人邁向恐怖政治，不信仰歷史的人默許恐怖政治。書上說「有兩種無效，即規避的無效和破壞的無效」，「有兩種無能，即善的無能和惡的無能」。最後還特別說，「否定歷史等於否定現實」，同樣地，「認為歷史是自足而完備無缺的看法是脫離現實的。」但是引述原文又有什麼用！你的書評家對此毫不在意。

卡繆的反控是根據兩個基本論點引申的：（一）難道沒有一些馬克思主義者從黑格爾的現象學中套取了一項公理，認為歷史是沿著預定的道路，朝向烏托邦的社會進展的？難道歷史的實際發展不正與一些馬克思主義的預言抵觸嗎？（二）難道馬克思主義的預言以及認為歷史是絕對的，它的發展不以人們的意志為轉移的看法，不正是造成了今日獨裁式的社會主義國家？而這些國家不是只有靠恐怖政策和集中營才能維持它的政權嗎？

沙特和尚森在同一期（八月號）的《現代》雜誌上反駁了卡繆。尚森那篇〈坦白告訴你〉的論點大致重申了他已有的觀點，認為卡繆這樣的立場只有助長資本主義的鎮壓政策；關於沙特的駁論，下文將詳細分析，現在暫時按下不談，我們在這裡先看看卡繆這樣對馬克思主義提出質問，他的理論根據是什麼，針對這一點，我們得回過頭來看看他在《反叛者》一書內鋪開的系統化的論證。

卡繆在給沙特的公開信上用簡短的幾句話點明了他在《反叛者》所要處理的主題：

我在《反叛者》一書裡所要研究的是，革命的意識型態問題。……我只證明一個事實，那就是，二十世紀革命所包含的要素之中，存在著把人神化的明確意圖。我特別選擇這個主題加以闡明。

我們前面提到，近代的西方人蓄意弒殺上帝，企圖取而代之的心機就是卡繆在這裡所說的「先把人神化」的意圖。現在就讓我們看看卡繆認為尚森在他的書評中忽略的這個主題是怎樣提出，怎樣論證的。

馬克思主義的兩個組成部份

卡繆認為馬克思主義由兩個組成部份構成：社會的分析和歷史的預言。對以後的世代有價值的是馬克思對當時歐洲工業國家所作的社會分析，特別是指出經濟因素是社會演變的主要動力；而歷史的預言這一部份是引起後世爭辯的焦點，贊成和反對，擁護和詆毀，處處演成了分裂、動亂和流血。卡繆站在挑戰的立場，認為馬克思主義的預言部份破壞了它的社會分析的思想體系的科學基礎，而更為嚴重的是，歷史的預言隨時可以不顧現實，試圖排斥一切阻礙，力求預言的兌現，而造成單求目的不擇手段的法西斯局面。卡繆著重分析的是後面這一部份，他在馬克思主義者的歷史預言中窺見人類不安本分，企圖以神自居的危機。

在《反叛者》一書中，卡繆集中火力對馬克思主義進行批判的是在標題為「歷史的反叛」這一部份，其中更以「國家恐怖主義和理性的恐怖主義」一章最為猛烈。

首先，卡繆用下面一段話摘出馬克思主義的要點：「人投生到生產和社會關係的世界。不同的土地造成不均等的機會，生產工具改善的快慢以及生存的鬥爭，迅速地造成了各種社會的不平等現象，而這些現象集中表現在生產和分配之間的矛盾上面，最後又演變為階級鬥爭。這些鬥爭和矛盾是社會的動力。從古代的奴隸制和封建的束縛慢慢演變到古典世紀的手工業工匠制度，這時生產者已經擁有生產工具了。而就在這個時候，世界貿易航線的開闢和新市場的發現要求一種比較非地方性的生產。生產方式和新的分配需求之間的矛盾已經宣告小規模農業和工業生產的終結。工業革命、蒸氣機的發明和市場的競爭無可避免地造成大業主吞併小業主，同時也導致大規模的生產。凡是有能力購買生產工具的就掌握了生產工具；而真正的生產者即工人卻只能出賣體力，他們把體力賣給『有錢人』。就這樣，生產者和生產工具的分離規定了資產階級資本主義的發展。一系列不可避免的後果都由這個矛盾產生，因此促使馬克思得以作出各種社會矛盾終將消於無形的預言。」[6]

在歐洲，特別是英國，當資本主義發展進入工業革命時期，機器大量生產不但創造了近代工人階級，而且把他們推入了貧困和苦難的深淵。機器生產還把大量的婦女和兒童捲進勞動力市場。資本家為了吸取最大利潤，不顧一切提高機器轉速，增加工人的勞動強度。在一段時期內造成了資本家越來越富的兩極分化現象。馬克思對當時被資本家剝削的工人寄以無限的同情，並從工人的反抗看出人類未來的希望，從而制定了一套工人階級向資產階級進行武裝鬥爭的哲學，預言歷史沿著階級鬥爭終將達到全人類解放的理想世界。

卡繆認為馬克思竭力要解決當時工人的貧困境遇是發自人道主義的愛心，毋寧是令人稱讚的。馬克思對十九世紀西歐資產階級的偽善道德所作的正面揭發也是令人信服的。馬克思揭露，資產階級的家庭倫理是建築在那樣一種經濟結構，這種經濟結構把無產階級剝得半光，然後把他們趕進煤礦裡去。

無奈，後來的歷史發展證實資本家和工人的對立不但沒有惡化到爆發革命的程度，而且工人的處境也得到了改善。今天資本主義社會的發展也是當時馬克思始料未及的。卡繆說「如果馬克思主義理論決定於經濟，它只能描述過去的生產史，而不能描述未來生產史，因為未來還屬於或然未決的領域。」[7]卡繆認為馬克思對當時存在於西方的社會結構的批判有其科學的根據，但對未來世界的發展則純屬假設加預言，帶有濃厚的宗教情緒，而大大破壞了他的分析方法。「馬克思和馬克思主義者任由自己去對未來和共產主義的勝利妄下預言，而破壞了他們的原理和科學方法。」[8]

科學精神的對立面是一種絕對主義的心態。科學可以預測，但是絕對主義要求預言；預測是以或然、可能作為基礎，預言則要排斥一切與它對立的可能性；預測承認它的侷限性，預言堅信它有涵蓋整體的能力。換一句話說，預言的本質是宗教的，而非科學的，因此，它所要求的也是追隨者、信仰者，而不是研究者、探討者。

但是，歷史是發展的，未來呈現著多種多樣演變的可能性。預言可能被印證為錯誤。這是不言可喻的。事實上，馬克思主義對未來世界的預言本身並不構成嚴重的問題，癥結只在於：馬克思主義者經常為了維護或促使這項預言早日實現而採用了足以危害人類的手段。歷史已經不只一次證實，馬克思主義的黨或政權可以在朝向理想社會過渡的名義下，實行獨裁、法西斯、和血腥鎮壓的政策。這與馬克思當初的人道主義的出發點恰恰背道而馳。

基於上述的理由，卡繆從西方社會的實際發展和革命理論的形上基礎這兩方面，對馬克思主義提出了批判。

馬克思主義的理論和現代西方社會的發展

一、「資本家和無產階級同樣地背叛了馬克思」

十九世紀西歐工業國家造成的工人悲慘世界激發了馬克思的義憤，使他決心以畢生的精力為這群被侮蔑和被踐踏的窮人們尋求解脫的途徑。馬克思相信，如果一無所有的工人奮起而革命，他們失去的將只是鎖鏈，而得到的將是一個沒有人壓迫的世界。

馬克思把當時的西歐社會當作一具百病叢生的軀體，對它進行細密的解剖，提出診斷，最後開出藥方。馬克思一生的著作就是對西方世界解剖—診斷—下方的進程。西方的經濟學、社會學和哲學在此匯成一爐，冶成一個規模宏偉、分析精密的思想體系。在這龐大的體系和精密的分析之中，始終貫穿著一條基本原理，那就是，在任何社會中階級的劃分終會引發階級和階級之間的一場社會大內戰。

馬克思的觀察主要是根據十九世紀號稱「世界工廠」的英國社會狀況而來的。的確，那個時代的英國紡織工廠的工人，包括女工和童工在內，在殘酷無情的工廠制度下過著非人的生活，母親為了不被剋扣工資或被解雇，不得不墮胎，或在機器旁邊分娩，用安眠藥，鴉片劑毒害嬰孩。母親上班後，孩子因無人照顧而釀成層出不窮的死亡事件。工人的子女六、七歲就被送進工廠，開始當童工。當時倫敦的《每日電訊》報導說：「……九歲到十歲的孩子，在大清早二、三、四點鐘就從骯髒的床上被拉起來，為了勉強糊口，不得不一直幹到夜裡十、十一、十二點。他們四肢瘦弱，身軀萎縮，神態呆痴，麻木得像石頭人一樣，使人看一眼都感到不寒而慄。」[9]馬克思在《國際工人協會成立宣言》上說「不列顛工業像吸血鬼一樣，只有靠吮吸人血——才能生存。」[10]沒有人能否認馬克思的那句名言：資本到人間，從頭到腳，每個毛孔都滴著血和骯髒的東西。

這是馬克思作為人道主義者，為當時的工人們提出來的控訴。

但是，物質的匱乏不足以促成政治的覺醒。英國的工人並沒有像馬克思所預期的那樣，奮起革命，要求自己的政權。百年來的歷史更證明了沒有階級的社會是遙不可待。馬克思以後的社會結構的發展更證實了馬克思的部份理論已經過時。

卡繆從歷史各方面的發展駁斥馬克思主義的謬誤，這裡摘出其中的四點來申述，這四點是：

無產階級和資產階級沒有兩極分化；
無產階級的人數沒有增加；
民族主義的空前高漲和國際共產運動的衰退；
科技發展造成社會階級的再分劃。

1. 無產階級和資產階級沒有兩極分化

如果資本家一意孤行，貪得無厭，不斷地榨取工人，而且為了擴張他的事業，不斷招募工人，那麼赤貧的工人人數就可能不斷增加，無產階級龐大的隊伍就終將壓倒資本家。但是西方資本主義國家並沒有沿著馬克思這條理論發展。馬克思從十九世紀英國工業觀察的趨勢如今已不復存在。現代的經濟和社會結構漸趨複雜。經濟危機不但沒有日益頻繁，相反地，頻率越來越疏落了，資本主義學到了計劃經濟的奧秘。此外，由於股份公司的成立，資本不但沒有日益集中，反而促使一種小規模的股份持有人隨之而誕生。現代生產的複雜情況已經促使大批的小工廠在大企業的周圍滋長。

卡繆也提到現代資本主義的黑暗面。小資本或小型企業也往往在競爭中毀滅在大資本家的手裡。卡繆以古代菲尼基人以兒童的生命來獻祭火神比喻現代資本主義經濟的違背正義的現象。[11]但是，即使這樣，卡繆還是反對馬克思的觀點，認為資本的積累會迫使工人階級走投無路，終而致於被逼上革命的道路。相反地，卡繆認為現代社會中工人的生活已經在一定程度上得到改善，十九世紀英國工人那種悲慘的生活不但不復存在，而且中產階級也迅速在增長。

無產階級沒有遵照馬克思的預言發展。歷史證實了馬克思晚年的憂慮：改革和工會的成立大大改善了工人的生活，從而麻痺了工人階級的反抗性。西方國家的福利制度更使工人隊伍成為保守派的核心。這些發展與馬克思的革命預言都背道而馳，因此，卡繆說：「資本家和無產階級同樣地背叛了馬克思。」[12]

2. 無產階級的人數沒有增加

資本的積累也沒有造成大批大批無產階級的隊伍。卡繆認為百年來的歷史已經證明無產階級的人數不但沒有遞增，反而不斷在減少之中。

什麼是無產階級？從馬克思以來，這個問題一直沒有得到明確的答案。卡繆在書裡也沒有對它下過定義。階級的劃分界線隨著近代的社會經濟發展而流動轉移，經常變得模糊不清。馬克思針對這一點說：「這種情況對我們的研究來說是無關緊要的，資本主義生產方式的經常趨勢和發展規律，是使生產資料越來越同勞動分離，分散的生產資料越來越大量集中成群，因此，勞動轉化為雇用勞動，生產資料轉化為資本。」[13] 馬克思在這裡指出的是，無產階級就是與資本脫離關係的雇用工人，而資本就是指可以投入再生產的資料。根據這個說法，現代西方社會的工人已有一大部份無法歸入無產階級的行列了。工業生產技術的進步不是造就了無產階級，而是促成了中產階級隊伍的擴大，甚至還創造了新的社會階層——技術專家。這些工人的生活情況已經不再像工業發展初期英國紡織工人那樣悲慘窮苦。他們已經不是單純的雇用工人，他們已經擁有有限的閒暇和儲藏。生產技術的發展不但提高了社會生活水平而且也改變了經濟結構，卡繆舉了一個實例：一九二〇年至一九三〇年間在美國工業生產力突飛猛進時期，冶金工人人數減少而同行的售貨員反而幾乎增加了一倍。[14]

卡繆還提到「隨著股份公司的成立，資本不但沒有日益集中，反而產生了小股份持有者這種新類型的人，理所當然的，他們最不鼓勵罷工。」[15] 股份公司的問題是第二國際以來一直爭論不休的問題。馬克思在晚年已經注意到資本主義社會創立股份公司、發行股票和進行股票交易所發生的作用。不過馬克思認為「這種向股份形式的轉化本身，還是侷限在資本主義界限之內；因此，這種轉化並沒有克服財富作為社會財富的性質和作為私人財富的性質之間的對立，而只是在新的形態上發展了這種對立。」[16]「因為財產在這裡是以股票的形式存在的，所以它的運動和轉移就純粹變成了交易所賭博的結果；在這種賭博中，小魚為鯊魚所吞掉，羊為交易所的狼所吞掉。」列寧更針對大資本利用「參與制」控制小企業，征服小企業的情況，指出：

大企業，尤其是大銀行，不僅直接吞併小企業，而且通過「參與」小企業資本、購買或交換股票，通過債務關係等等來「聯合」小企業，征服它們，吸收它們加入「自己的」集團，用術語來說，就是加入自己的「康采恩」。[17]

對於認為股份制度是資本的民主化的看法，列寧駁斥說：

所謂股票佔有權的「民主化」，雖然資產階級的詭辯家和機會主義的「也算是社會民主黨人」期望（或者要別人相信他們期望）它會造成「資本的民主化」，會加強小生產的作用和意義等等，可是實際上它不過是加強金融寡頭實力的一種手段而已。[18]

這裡，馬克思和列寧的辯論都是符合事實的。即使創立了股份制度，資本主義社會真正的主人還是大資本家，起著決定性作用的還是這些「鯊魚」。工人即使得到一點股息，實際上也根本改變不了現狀。但是對方——包括卡繆在內——爭辯的不在這點上，正如上文提過的，卡繆不否認資本主義有極為不合理、不公正的一面，但是他們——也包括卡繆在內——提出股份公司問題的主要理由毋寧是針對工人的心理狀態而言的：工人一旦購買了那怕是微不足道的股票後，他似乎就自動向資本家繳械了。工人不再站到資本家的對立面，工人的利益，透過股息，慢慢地就與資本家的利益打成一片，他的心裡隨著他的股票所屬公司的營業起落而起落。就這一點來講，現代資本主義社會的工人不再是馬克思心目中那種只拿工資糊口的雇用工人了，而由於他的股票可以投入再生產，他已經不能歸入無產階級的行列。當然，這不是資本主義發達社會的所有工人的寫照，這些社會還是有不受工會保障的工人，還是有赤貧的工人，但是就人數比例和發展趨勢而言，馬克思所想像被資本家剝削得一乾二淨、越來越朝不保夕的、人數越來越多的工人隊伍，已經不復出現在這些社會裡。

股份制度，比工會的成立和國家福利制度，更具有剝奪工人鬥志的魔力。經歷過六十年代西方社會風暴的人都能體會資本主義發達社會的工人意識型態是多麼保守和右傾。無可否認的，提出股份制度，或其他任何理由，來辯駁馬克思主義的人其終究的目的多半是要維護資本主義社會體制，卡繆也不例外。但是，他們提出的反對意見並非全部是一片痴人囈語，很難以立場反動、用意惡毒就能把問題一筆勾銷。這裡，我們還是先繼續耐心地聽完卡繆的論辯，然後再重新討論問題的是非和曲直。

3.民族主義的空前高漲和國際共產運動的衰退

卡繆指出，馬克思理論簡單化所造成的缺陷之一就是，在民族主義蓬勃發展的世紀忽略了民族問題。馬克思認為通過通商和交易，憑藉無產階級的勝利，民族的屏障將會隨之倒塌。但是，使無產階級理想倒塌的正是民族主義這一屏障。

現代歷史顯示，民族與民族之間的鬥爭至少同階級與階級之間的鬥爭一樣地重要。經濟因素不是構成民族的唯一因素，因此以經濟問題為基礎的階級鬥爭理論不能完整無缺地解釋各種有關民族的現象，更不能解釋現代民族國家和民族國家之間的微妙複雜的關係。

第一次世界大戰爆發驅散了國際共產組織，釀成第二國際的徹底破產。大戰的槍聲一響，第二國際的各國社會民主黨領袖們都紛紛倒向他們祖國的懷抱，在「捍衛祖國」的旗幟下熱烈支持他們本國政府所進行的戰爭，把第二國際所最強調的國際主義都拋到腦後，當時的斯圖加特大會（International Socialist Congress, Stuttgart 1907）的決議和《巴塞爾》宣言都成了一紙虛文。歷史證實了，無產階級除了受經濟條件的影響之外，還受其他因素所左右；更嚴重的是，歷史揭示了，人們害怕自己成為民族罪人，尤甚於成為階級敵人。

馬克思說「工人沒有祖國」，卡繆針對著這句話說：「與那句名言相反的，無產階級有祖國，在民族主義高漲的時代，大多數的無產階級不管情不情願，都接受或屈服於第一次世界大戰，並提供了合作。馬克思認為工人階級在勝利以前應有法律和政治的敏銳認識。他的錯誤在於相信貧困，特別是工業的貧困，能夠促成政治的成熟。」[19]

4.科技發展造成社會階級的再分劃

一個社會怎樣去安排它的生產，也就是說怎樣去分工進行它的生產，決定了這個社會的階級結構。而分工本身，反過來又受技術發展的影響，例如沒有冶煉鐵礦的知識就不可能有鐵匠這種特定的職業出現在社會上。

但是，馬克思主義者預見分工的後果將造成不可踰越的階級劃分。列寧所熱衷追求的理想社會裡，一個工程師同時也應該是一個體力勞動者。但是人類技術的發展使得腦力和體力勞動的結合越來越困難。現代社會的科學與技術都已經發展到極為複雜精密的地步，沒有任何人能全盤掌握各部門的各項原則和應用方法。

科技與技術發展又是任何形態——不管是資本主義的或是社會主義的——社會都鼓勵和提倡的，資產階級和馬克思主義者都肯定生產力的提高是促進人類福利的途徑。但是生產力一旦發展到一定程度時，分工是不可避免的，生產力發展愈高，分工愈精密，分工是發展的標誌。在生產力發達的社會，每個工人都有其特定的職務，而他的工作是被安插在哪個全盤計劃，或者全盤計劃中的哪個位置，他本人往往不得而知。其實，不只工廠的工人如此，現代社會中的每一個成員，無論他在什麼行業，都和工人同在一條船上。

在這種情況下，負責協調個別工作的這些人，由於他的職務關係，比較能掌握全盤的情況，因而在現代社會上起著影響決策的作用。這些人在社會裡逐漸形成了一個特殊的新階層。

卡繆引述了西蒙・韋伊（Simon Weil, 1909-1943）的論點，認為除了人類所熟知的兩種壓迫形式——武力壓迫和財富壓迫——之外，現代社會出現了第三種壓迫，即職業不同而造成的壓迫。西蒙・韋伊說：「人們可以消除勞動購賣者和出賣者之間的對立，但不能因此而消除掌握機器者和被機器掌握者之間的對立。」[20]

卡繆接受許多現代西方社會學家的結論，認為由於科技的加速發展和社會結構的複雜化，科技人員和經理人員的隊伍應客觀現實的需要已不斷在增加。他們不但已經形成了現代社會的一個階層，而且恐怕將會成為未來社會的領導人和決策者。

西方的社會學家已經預測專家政治和技術統治時代的來臨，這是不以社會制度——不管是資本主義制度或是社會主義制度——為轉移的發展趨向。

馬克思主義者經常把腦力勞動和體力勞動之間的劃分問題和分工問題混為一談。劃分為體力和腦力勞動是分工的一種，但是分工並不等於體力和腦力勞動的劃分。體力和腦力的分家是分工的一種結果，而分工是指更廣泛的，更普遍的，幾乎無所不在的社會發展現象。在腦力勞動和體力勞動的領域內還存在著它們各自的分工現象。馬克思主義者經常誤以為如果大多數的工人都把自己的文化技術水平提高到工程技術人員的水平，腦力和體力勞動之間差距就可以隨之縮短，從而解決分工的問題。

但是卡繆、韋伊和一些社會學家認為，即使所有的工人都成為工程技術人員或科學家，分工現象不但仍然存在，而且恐怕還要劃分得更為精細，而使彼此的鴻溝越來越不可跨越。這是科學發展趨向尖端、精密、複雜的必然結果。這是工業發展到極高階段的社會，即後工業社會（post-industrial society）將會面臨的問題，到那個時候，統治這個社會的恐怕不是無產階級（因為大多數的工人都已經成為科學家或工程技術人員）而是科學技術專家。

卡繆舉出上述四點來證明馬克思的社會經濟理論與近百年來的歷史發展不相符合的現象。這四點論據並不是卡繆自己的獨創見解。實際上，從十九世紀末期，特別是從第二國際以來，陸續有人提出這些理由來反駁或修正馬克思的理論。

卡繆將這些論證舊話重提，目的除了再一次印證於歷史發展以外，更重要的是要突出現代「正統的」馬克思主義者所面臨的窘境，那就是，面對著百年來的歷史——特別是西方歷史的發展，「正統的」馬克思主義者怎樣為他們的主義辯護。

1. 英譯本***The Rebel***於一九五六年出版。本文的所有引述都根據英譯本（A. Bower, New York, 1956）轉譯。
2. 本文的序言部份已登在《抖擻》第二期。
3. Camus, Albert, "Lettre au Directeur des Temps Modernes", ***Les Temps Modernes***, No. 82 (aout), Paris, 1952，第三一七—三三三頁；以下四段卡繆的引文都摘自此處。
4. 卡繆的反駁長文是一封寄給《現代》雜誌主編沙特的公開信，這裡所說的你的書評家係指尚森而言。
5. 卡繆在這裡所指的歷史主義係沿用四十年代海耶克（F. A. Hayek）和帕普爾（K. Popper）所界定的特殊涵義，而與社會學上慣用的其他幾種歷史主義的定義無關。海耶克和帕普爾所指斥的歷史主義有三點要義：(1)社會發展有一定的規律；(2)把社會發展視為一個整體，這個整體的動向不為個人的意志和行動所轉移；(3)如果掌握了發展的規律，未來的世界是可以預測的。海耶克和帕普爾都認為歷史主義醞釀了恐怖政治，因為，既然歷史沿著一定的規律在發展，現實的一切就不容有討論或表示異議的餘地，而歷史主義者為人們所指出的未來世界更不容許懷疑。海耶克認為這種主義為人類鋪出了一條通往《奴役之路》；帕普爾說以這種預言哲學為基礎的社會是一個封閉的，而不是一個開放的社會；基本上卡繆承襲了海耶克和帕普爾對歷史主義的非難，而指出了歷史主義的根本立場是道德虛無主義。
6. ***The Rebel***，第二〇一—二〇二頁。
7. 同上，第二二〇頁。
8. 同上，同頁。
9. 參見馬克思，《資本論》，第一卷，北京，一九七六年，第二七二頁。
10. 參見《馬克思恩格斯選集》，第二卷，北京，一九七二年，第一三二頁。
11. ***The Rebel***，第二一二頁。
12. 同上，第二一二頁。
13. 《資本論》第三卷，第一〇〇〇頁。
14. ***The Rebel***，第二一二頁。
15. 同上，第二一二頁。
16. 《資本論》第三卷，第四九七頁。
17. 見《帝國主義是資本主義的最高階段》。《列寧選集》，第二卷，北京，一九七二，第七五四頁。
18. 同上，第七七〇頁。

19. ***The Rebel***，第二一五頁。

20. 參見***The Rebel***，第二一五頁。

戰後西方自由主義的分化
——談卡繆和沙特的思想論戰（三）

二、現代宗教法庭和教義

卡繆提出來的一個根本問題是，既然在許多地方，歷史的發展與馬克思主義的預言有抵觸，今天的馬克思主義者怎麼辦？他們靠什麼方法來維繫他們的思想和政權？卡繆的答覆是，恐嚇加暴力。在《反叛者》一書中，卡繆不只一次提到斯大林和斯大林主義來證明他的觀點。

卡繆認為在這方面最嚴重的兩大缺點是：黨的警察干涉科學發展和黨的理論家替無產階級規定歷史任務。

懲罰科學

在理論方面，馬克思主義者一向的首要任務就是要證明辯證的唯物主義是宇宙的普遍真理。這個真理顛撲不破，放諸四海皆準。他們堅信，不但在人文世界，而且在自然領域，人們理當可以用辯證的唯物主義圓滿通透地解釋一切現象而毫無遺漏，沒有任何物理可以逃過它的含攝；或者反過來說，宇宙的千理萬象根本就是辯證唯物主義的體現。在哲學史上，挾持這種一以貫之的一元論觀點，除了神秘主義和以悟證為基礎的思想流派以外，往往要面臨到最艱巨的統攝工作，一切盤根錯節的現象都要按一定的觀點去爬梳，然後合理地納入單一的系統。一元論本是屬於本體論範疇內的問題，原就帶有濃厚的形上意理，如今要它脫胎換骨，割棄玄學的血脈而成為一種科學，這真是難上加難。

唯物辯證主義是不是一種科學，能不能成為科學，都還是可以進行辯論的問題，這個問題至今還在爭辯的過程中，一直沒有得出定論。

馬克思主義者既然自詡這個主義是一種科學，宣稱它的辯證法無往而不通，是宇宙的普遍真理，那麼，能不能用馬克思主義來解釋自然科學，自然就成為馬克思主義成敗的關鍵問題。每一個馬克思主義者都和恩格斯一樣地認識到，自然科學這個領域是馬克思主義的一大考驗場所。

但是，把心思潛放進去，從事研究和求證是一件繁重而費時的工作。到目前為止，馬克思主義主要地還是一種政治運動，運動要求的是短期的、直接的、實用的效果，而正因為是一種政治運動，它的排他性也特別強。科學研究，特別是理論研究，如果一時無法直接或間接支持馬克思主義的，往往就受到排斥。卡繆從斯大林時代蘇共對科學和科學家所採取的手段得出一個結論，那就是，如果不能透過實徵的步驟把馬克思主義建立成為一門真正的科學，從而合理地詮釋自然界的物理現象，那麼就要用其他的步驟和途徑先把自然科學馬克思主義化再說。在斯大林統治下的蘇共認為把科學馬克思主義化，使科學家成為馬克思主義的辯護士，最有效的途徑就是鎮壓。

卡繆書上提到的一個實例是斯大林時代轟動全世界的李森科（Trofim Lysenko, 1898-1976）事件。

當時的蘇共將生物遺傳學上的爭論交由黨中央處理。李森科受蘇共委託進行建立以唯物辯證法為基礎的遺傳理論。這個理論套取達爾文的進化學說，主張生物是環境的產物，先驗地堅持外界的物質條件必然決定生物的發展。李森科的理論認為，有機體從生活過程中所獲得的特性可遺傳於後代，強調後天獲得的特性不遺傳是不可理解的怪事。當時國際知名的蘇聯遺傳學家瓦維洛夫（Nikolai Vavilov, 1887-1943）堅持孟德爾—摩根主義（Mendelism-Morganism）的遺傳學說，認為染色體才是決定後代特性的根源所在，而向李森科提出純學術性的反駁。

李森科並非專業科學家，他只在農場實驗上有些成績。二十年代末期蘇聯在自然科學方面發動意識型態的論爭，李森科在這場思想鬥爭中漸露頭角，他操著半生不熟的進化論，對遺傳的染色體學說大事撻伐，指責它是完全反科學的理論。

就蘇共來說，作為他們思想基礎的馬克思主義既然是一貫正確而且最科學的，他們就不能容忍在自然科學界有異己的學說存在。當時蘇共在這方面操之甚急，在遺傳學上，堅決強調環境因素第一，客觀條件必然可以改變生物發展，而駁斥染色體學說是資產階級的思想產物，理應加以鄙視。一九二七年《真理報》開始塑造李森科的英雄形象，稱他為「赤腳教授」，從而向一大批蘇聯科學家進行思想改造。

李森科出名的實驗是，在麥子發芽以前，預先把它泡在冰水裡，以促進麥苗的成熟。李森科認為照這種作法，春麥可改造成為冬麥，冬麥可改造成為另一種耐寒的麥子，可播種在西伯利亞。這個實驗沒有得到大規模的成功，李森科只不過育成了可以略為早熟一代的麥種而已，對改善蘇聯農業的長期欠收沒有多大幫助。

但是在當時蘇聯的思想肅清和批專的運動中，李森科這位「赤腳教授」在斯大林的提拔下，以噱頭式的主張在蘇聯科學界躍登龍門，成為生物界和農業界炙手可熱的人物。他是列寧農業科學院院長，是社會主義勞動英雄，是九次列寧勛章的得獎人。

另一方面，在純科學的辯論上，與李森科針鋒相對的瓦維洛夫於一九四〇年被捕，以莫須有的罪名被判死刑，囚於死牢，一九四二年再改判十年徒刑，同時被捕的還有幾個國際知名的生物學家，這些從事純科學研究的學者最後都以「人民公敵」、「資產階級國家的間諜」等等政治罪名下獄。一九四三年一代學人瓦維洛夫死於牢中。

十二年後，即一九五五年，蘇聯最高法院以缺乏犯罪事實，恢復了瓦維洛夫和同罪的其他科學家的名譽，同年，蘇聯國家科學院恢復瓦氏的院士身份，將他的名字印在已故的院士名冊上。同時，蘇聯科學界也舉行了孟德爾發現遺傳定律百年紀念。

再過十年，即一九六五年，李森科被罷除科學院遺傳研究所主任的職位，蘇聯正式批判李森科壟斷遺傳學界的惡行，這樣才結束了蘇聯科學界歷時三十年的李森科主義和李森科崇拜的時代。[21]

蘇聯生物界這場荒誕的事件，不但對農業的長期欠收沒有助益，而且對學術的研究更盡其阻撓破壞之能事，二十年代站在世界尖端的蘇聯生物學也因此被勒困了三十年，由先進轉為落後。

而更嚴重的是，把學術研究逼入現實政治的鬥爭漩渦，用特務和警察迫害知識上的異己份子，只求兌現短期的政治效果，不惜破壞長期的知識研究，這是否就是正確的馬克思主義手段？這個問題其實才是李森科事件所透露的癥結所在。

李森科事件並不是斯大林和幾位蘇共領導人一時異想天開所鑄成的錯誤，這個事件也不是共產主義運動史上唯一無二的例外，類似的事件毋寧是經常出現的。這就不能不從馬克思主義的內部挖掘它的思想根源，從理論層面上去解釋社會主義社會裡這種迭出的政治迫害事件。但是在尋求它的思想根源以前，先讓我們反過頭來，也看看資本主義的社會。

在資本主義社會裡，類似的迫害事件並沒有絕跡。五十年代的麥加錫主義就是一個顯著的實例。但是資本主義社會搞白色恐怖和共產主義社會搞紅色恐怖，在性質上還是不完全一樣的。

欲加之罪何患無辭，這是兩邊共有的現象。但是白色恐怖所根據的理論總是比較消極的，它是防衛性而不是攻擊性的，它滲染在裡面的道德和宗教因素也比較淡薄。拿麥加錫事件為例，它搞反共的理論基調是防共、堵共。它並不是要達成未來的某一特定指標而反共，它是為了維持現狀而反共。此外，它沒有其他的使命要完成，在思想上採取消極防守的姿態。

反過來看，共產主義社會搞紅色恐怖都有一套完整無缺的意識型態作為它的理論基礎。這套意識型態是積極的，進取的，永遠指向未來的，人們負有奔向理想社會的使命，每個人不但要求自救，更重要的是要拯救全體人類。在進行紅色恐怖時，這套大思想是擺在面前作為一項判斷是非的大準則。迫害的主使者總是以真理的先覺者自居。他在迫害異己時總是理直氣壯，振振有詞，迫害過程本身就是他為天下人證道、行道的實績。受害者除了生命不保以外，整個人格也被撕扯摧毀，形同垃圾，他除了是一個政治犯以外，還是罪人、叛徒。罪名的內容往往超出純政治或純法律的範圍，而帶著濃厚的道德和宗教意識。卡繆一再強調造成這種種現象的思想根源都應該到馬克思主義的意識型態內部去尋找。

綜合卡繆在《反叛者》一書中貫穿論辯的要點，可以摘出三大因素來解釋為什麼共產主義認為進行紅色恐怖是正當合理的。這三大因素就是(1)形上學(2)終極目的論和(3)總體論。

在馬克思主義內部指使著它不斷擴張前進的動力之一來自它的形上的一元論信仰。之所以是一種信仰是因為一元論，無論它是唯物的或唯心的，到目前為止都還找不到充份的科學根據來證明自己的理論。因此，唯心和唯物之間的辯論充其量只是態度與態度之間、觀點和觀點之間的爭辯。這種爭辯的確可以在同一定程度上測量唯物主義和唯心主義之間的世界觀的相異的內容和不同的取向。但唯其是一種形上學，所以這種爭辯常常演成意氣之爭或派系之爭。最後，在無法拿出證據時就祭出了宗教的法寶，一變而成為信與不信的問題，站在哪一邊的問題，替誰說話的問題。一個真正的科學研究者只求真理，只替事實講話。但是如果對方只為他的信仰講話，而恰巧他的信仰與事實不符，而這位信仰者又有僅有的一個政黨作其後盾，而這個黨又是嚴密控制著輿論機器，那將演成怎樣的情況？瓦維洛夫對李森科，那是有理無處訴的絕境。科學研究者遇到這樣的黨，那是人類所經歷的最無助、最悲淒、最嘲諷的時刻，因為除了個人的生命將被摧毀以外，他知道科學知識也將在是非顛倒的特權下被摧毀，這是伽利略悲劇的重現。個人的冤死比較起來還是次要的問題。如果瓦維洛夫只以「通敵」之名判處死刑，那所涉的問題有限。但是如果除了抹去一個不聽話的科學家之外，還要以半生不熟的玄想來作賤科學知識，那所牽涉的就是一個大問題，那已經超乎辯論、求知的範圍，那是在向全人類的理性和知識挑戰，要以宗教的狂熱把人類拉回黑暗的中世紀。

馬克思主義又相信歷史是朝向階級消滅的理想世界在過渡的。無產階級的歷史使命就是要促進這個終極目標的早日來臨。這毋寧是人類理想主義、人道精神和正義感融匯於一爐的思想結晶。共產主義運動史上，一大批一大批有血性的青年和知識份子不惜犧牲而去擁護這個運動，正是因為馬克思主義空前體現了人類這種崇高的思想。但是，這個主義一旦成為政治體制以後，它可以為最殘酷、最荒謬的措施辯護，一如原始基督教的救世懷抱可以一日變而為中世紀宗教法庭的凌虐冷酷。基督教要求人類由原罪，通過贖罪而走向理想的天國，共產主義要求人類由階級矛盾，通過鬥爭，而走向理想的無階級社會；基督教的使命由少數的選民來完成，共產主義使命由無產階級來執行。共產主義社會既然以這項信念作為大前題，那麼一切違法犯紀的法律事件都可以提升為，要和不要實現共產主義理想之間的鬥爭問題，法律從此罩上了一襲宗教的道袍。人類文明在半開化時期，宗教曾經是司掌法律的，它的大祭師、大主教就是那個社會的大法官，政法和宗教分家是人類進步的一大指標。在共產主義社會對馬克思主義所許諾的理想王國懷有疑問的人，其處境就像歐洲中世紀站在宗教法庭前面的背教者或異教徒。

隨著馬克思主義的一元論而來的是總體論。一元觀點和總體意識是一體的兩面，兩者的思想源頭是接連在一起，撕離不開的。一元論在闡明世界時堅持一以貫之，要求自始至終以特定的觀點來通釋一切現象，對一切事物要鞭辟入裡，無孔而不進。就追求知識來說，這種態度實在是人類智能極為優越的表現，是世界進步的一項動力。然而與此同時，它經常也自成為一種包袱，由於它的涵蓋面是絕對的，它的觀點和立場要求通行無阻，無往而不立，堅持徹底、乾淨而無任何例外。這種籠罩一切，排斥相對面的哲學信念，稍經發展就形成了總體論。總體意識落實到政治生活時，稍有偏差就滑入極權的泛政治主義。由於總體論要求無所不包，含攝絕對，在實際政治上就要求思想和行動的總動員。除了經濟以外，每個人的思想更應該國有化，而對意識型態的異己份子則要實行專政。自然科學馬克思主義化就是這個總體主義驅使下的必然結果。它鼓吹處處是思想矛盾，處處是政治鬥爭。在一定的意義下，這可以是正確的，但是，當它挾持一元論那支無孔不入的利矛，鑽進生活的各個角落時，它也可以變成一種泛政治主義；事無鉅細都納入現實政治的鬥爭中，從科學研究到夫婦的臥室生活都成為政治運動的一個環節。排除異己，生活政治化，思想定於一尊，這已經具備了極權主義的思想模式。

從一元論反映的一以貫之的霸氣，到終極目的論挾持的宗教狂熱和盲信，再到總體論透放的壟斷和全一的意向，共產主義可以在這種意識之下搞紅色恐怖而又能理直氣壯。在這方面，蘇聯的李森科事件只是一個小型的實例，三十年代斯大林一手搞出來的黨獄和屠殺才是對馬克思主義的人道精神作出最大的一次反動，也是對人類理性的一次最大嘲諷。有人認為極權模式是馬克思主義與生俱來的絕症，根本是不可能治癒的，有人認為如果行之得當，這個病症不但可以治療，而且事先也可以避免。卡繆堅持前者的看法，沙特的觀點則趨於後者。

在學術領域執行極權的泛政治主義政策，造成像李森科這樣的事件，無論如何都是開了歷史的倒車，談不上是進步的事業。唯物主義作為一種科學，還在它的搖籃時代，而且也還沒有割斷它的形而上學的臍帶。如果馬克思主義者要以之箝制科學的研究，甚至於在無法進行辯論時起用特務和警察的力量來鎮壓，那麼馬克思主義者失去的將是理性和知識，得到的只是愚昧和盲從；而且這對辯證唯物主義這門知識的發展更是只有破壞而沒有建樹。要向科學家和知識份子拉下黑暗的閘門，這對共產黨來說並不是一件難辦的大事。畢竟，從封建時代以來知識份子還是極為脆弱的一個社群，在社會上抹去這一群還是經常發生的現象。

在斯大林時代，蘇共對自然科學和社會科學實行專政並不能得心應手，而造成的後果往往是窘惡不堪，不是捉襟見肘，顧得到理論的批判，補救不了實際的發展；不然就是削足適履，堅持自己的偏見，自絕於進步。總之，情況是極為狼狽的。例如在物理學上，斯大林主義者在理論上反對量子力學，因為它不符合唯物主義的觀點，但是在實用上，又不得不利用量子論發展出來的原子科學。[22]

卡繆對蘇共起用李森科時，所面臨的窘境，有如下的一段話：

為了使馬克思主義一貫正確，就必須否定達爾文以來生物學上的一切發現。自從德弗里斯（De Vries）確定了不可預測的遺傳變異以來，一切的發現恰恰又與決定論學說（按：係指達爾文的環境決定論）背道而馳，這些發現都是在生物學上提出或然的概念，因此，不得不委託李森科以重任，向染色體進行懲罰，而再一次證明最基本的決定論真理。這簡直荒誕可笑：但是只要派出一隊警察，由福樓拜的奧梅先生遺派使用（奧梅先生係指福樓拜小說《包法利夫人》中的那位庸醫。他本是一個不學無術的藥劑師，自己暗中行醫，對鄰近的掛牌醫生極盡誹謗之能事。他為人狡詐，善於阿諛奉承，後得政府的榮譽勛章，這裡暗喻李森科），他就不再是荒誕可笑的了，這竟是二十世紀的現象。在這方面，二十世紀也看到了科學上的測不定原則、有限相對論、量子論原理和當代科學上一切普遍的發展趨勢都遭到排斥。今天，馬克思主義要是科學的話，它就得同海森堡（Heisenberg）、波爾（Bohr）、愛因斯坦和當今所有偉大的科學家作對。用科學推理來作預言的原則畢竟沒有什麼新奇。這早就有人把它定名為權威原則，教會要使活生生的理性屈服於死氣沉沉的信仰，要抑制知識的自由活動來維繫教堂的權力，就用這個原則。[23]

但是信仰和科學是冰炭不能相容的兩件事。蘇共從一九二九年長期進行的反資產階級科學和「老」專家的運動帶有濃厚的宗派和宗教色彩，與其說它是知識辯論，不如說是政治運動。一九六五年一月二十三日，蘇聯名記者阿格蘭諾夫斯基配合李森科的被罷黜，在蘇聯的《文學報》（*Literaturnaya Gazeta*）寫了一篇長文報導李森科的實驗農場，批評農場作假，指出農場裡的牧群是經過精選而用來作為展覽品，鄰近的集體農場和國家農場使用李森科的繁殖方法不但不能獲得同樣的效果，而且經費都陷入拮据狀態，文章揭露了這個模範農場的作假和欺詐。這篇長文的標題就叫：「科學不接受任何信仰」。[24]

原載《抖擻》第二十四期，香港：抖擻雜誌社，筆名羅安達，頁一—六。一九七七年十一月。

21. 關於李森科事件的詳情，可參閱***The Rise and Fall of T. D. Lysenko***, by Z. A. Medvedev, (Tr. I. M. Lerner), New York, 1971。
22. 參看***The Rebel***，第二二二頁。
23. 同上，第二二一—二二二頁。
24. 參看***The Rise and Fall of T. D. Lysenko***，第二三五—二三六頁。

戰後西方自由主義的分化

——談卡繆和沙特的思想論戰（四）

替無產階級規定歷史任務

與歷史任務的問題相比，李森科事件還不算是最嚴重的問題。這個事件背後所代表的那套暴理，能夠施虐的範圍到底還是狹小的，打擊面只能限於局部的。充其量，它只直接干擾了科學領域，迫使科學家們屈服於瘋狂的、教條的、派性的政治鬥爭，造成一些忠於科學研究的學者，因此犧牲了他們的事業和生命。但是，關於歷史任務的問題就不這麼簡單，它牽涉到的是歷史應該怎麼發展的全面性問題，世界上的各種人文現象，各個領域的活動，小到個我的生命，大到國家的前途，可以說都籠罩在這個大前題底下。這裡面，蘊藏著馬克思主義中歷來引起爭辯的一些論點，特別是第二國際以來，西方左翼運動中經常造成激烈爭執的一些問題，例如：(1)無產階級的階級意識怎麼形成？或無產階級怎麼體認它的歷史任務？

(2)無產階級專政的實質是什麼？(3)無產階級怎麼達成它的專政？這些都是馬克思主義中的根本問題，但是，馬克思和恩格斯本人對這些問題只有提綱挈領的解說，而沒有作過有系統的詳述。等到二十世紀初期，特別是俄國革命的前後一段期間，當理論的馬克思主義化為行動中的馬克思主義，而俄國就要建立歷史上第一個社會主義國家時，這些問題的實質內容到底是什麼，才為人們所關切深究。正如科學家在實驗室一樣，當時的馬克思主義者正在俄國的土地上求證社會主義的原理，他們在俄羅斯的實驗場上，為上述的幾個根本問題進行檢驗，求取印證。當時就俄國的實際經驗，提出了各種問題，其中有：(1)在革命的前夕，俄國的無產階級有社會主義的意識嗎？或有進步武裝革命的要求嗎？(2)革命後，俄國的無產階級掌握到政權了嗎？(3)列寧領導的布爾什維克黨的本質是什麼？它是以工人階級組成的嗎？提出這些問題的不但是國際上的馬克思主義者，而且也有布爾什維克黨內實際投入戰鬥的俄國革命家。卡繆在五十年代針對蘇聯，提出關於共產黨內的官僚替無產階級規定歷史任務的論點，就是試圖為上述這些問題尋求解答。卡繆的問題，首先是一個歷史的問題，其次，才是理論的問題。因此，解決這個問題的方法只有回到俄國革命，考察一下俄國革命的性質，然後再回溯到馬克思主義中一些有關的問題。

十九世紀的後半葉，沙俄的專制政體步步走向混亂、動搖和瓦解的末路。相應於這個形勢，俄國社會出現了各式各樣的社會學說和革命理論，其中直接或間接促成俄國革命的有三種比較重要的理論學說。

第一種是民粹主義。它是十九世紀俄羅斯最龐大的一個思潮，在時間上它占領主導地位的時期長達半個世紀；在空間上它滲透了俄國宗教、社會、文學、革命的各個方面。在宗教上不管是有神論或無神論；在社會理論上不管是親斯拉夫派或西化派；在革命思想上不管是右派或左派，幾乎都在不同的程度上受到民粹主義的影響。赫爾岑、杜斯朵也夫斯基、巴枯寧、克魯泡特金、托爾斯泰以及七十年代的革命家，八十年代的恐佈份子，雖各屬不同的活動領域，氣質理想也各自相異，但是都或多或少受到了民粹思想的薰陶。民粹主義的一個基本精神就是信賴俄羅斯人民，特別是農民，強調上層社會生活的虛偽。民粹主義者一旦從虛偽的夢魘中覺醒，就帶上了強烈的懺悔意識，號召到「民間去」，特別是知識份子深切覺到自己是社會的游離份子，抱憾不能成為俄羅斯人民之中的一個有機部份。十九世紀俄國文學的巨擘們，都為他們孤獨無繫，與俄羅斯大地的撕離，與窮人的相背，而感到刻骨的苦痛，他們要以悔罪者的身份，向大地和貧窮彎身下跪。這是托爾斯泰和尼采的不同，是俄羅斯精神和歐洲精神的異趣。

民粹主義這種意識在社會主義理論上就逐漸形成了一套「特殊的發展道路」學說，帶有濃厚親斯拉夫色彩。他們厭惡十九世紀歐洲那種資本主義的生活，認為它是建築在講求體面、講求享受、貪婪財產的基礎上。民粹派深信歐洲這種腐化虛偽的生活終將寥落寂滅；另一方面認為俄國具有特殊的社會生存條件，不能毫無批判地把西方的歷史公式套用於俄國的發展。他們要建立起一道理論的長城，堵塞鼓吹在俄國發展資本主義的倡議。社會主義的民粹派把俄國資本主義的發展和無產階級的增長視為洪水猛獸，他們指出羅馬法的財產觀念對俄羅斯民族是陌生的，私有財產的絕對性對俄國基層社會是格格不入的。社會主義民粹派宣稱俄羅斯具有比歐洲優越的社會條件，可以跳過資本主義的發展階段，而直接進入社會主義社會。在他們心目中確認比歐洲優越的條件就是，俄國農村社會一直保存著的原始公社形式。民粹派相信，只要剔除這種村社結構中的封建殘餘，它就可以作為俄國直接發展共產主義社會的根基，他們把當時的農民村社和手工業組合看作是符合「俄國國民精神」的「生活方式」，因此堅持保存俄羅斯的文化母體，希望未來的社會是在這個母體內受胎成長，而不必效行西歐的發展模式。為了配合實現俄國這一條「特殊的發展道路」，民粹派也經常採取了帶有濃厚的俄羅斯色彩，同時又頗富虛無主義趨向的特殊手段——恐怖主義，主張由知識份子為中心的革命者，用恐怖行動來顛覆沙皇專制。這種以少數革命知識份子為中心的組織構想，對二十世紀形成的列寧主義曾經產生了深刻的影響。

促成俄國革命的第二種社會理論是以普列漢諾夫為代表的馬克思主義。

在形成馬克思主義世界觀之前，普列漢諾夫曾經是一個民粹主義者。隨著俄國工業化的逐步發展，普列漢諾夫看出了民粹主義的空想本質，而他自己的思想也隨之產生變化，在探討俄國社會變遷的過程中，普列漢諾夫終於改宗馬克思主義。在正面反對民粹主義之前，他考察了資本主義的產生條件和歷史作用，肯定資本主義的發展不是西歐社會的特有現象，而是人類物質生活和精神文明進展中必經的道路，與以前的歷史階段比起來，資本主義就顯出了它進步的歷史作用。普列漢諾夫要打破民粹派認為俄國社會經濟發展具有「特殊性」的神話，指出把俄國和歐洲對立起來的看法是錯誤的。接著，普列漢諾夫的工作就是分析俄國資本主義的初步發展。他指出當時已經在俄國萌芽的資本主義已經滲透到國民生活的每個角落，並且開始瓦解著「農民世界的基礎」——村社。民粹派相信村社是一個有發展前景的、自足的社會單元，它本身不帶有自我瓦解的因素。但是，普列漢諾夫已經看出，農民已經開始在從事小商品的生產，資本主義已經在農村經濟結構中開始生根；村社不但正在瓦解，而且由於農村經濟資本主義化，它的瓦解正由它自己的內部開始。普列漢諾夫說明，俄國農村中的資本主義發展，純粹是「國民經濟關係」的內在邏輯，這種發展是任何因素都阻擋不了的。資本主義不但已經逐步在發展，而且成了村社結構的催命符。

在貨幣經濟和商品生產的發展中，俄國村社所有制正在逐漸崩潰。從前村社社員在財產地位上都是平等的，隨著商品貨幣關係打進村社，社員就分成了兩個集團，經濟力雄厚的農民從貧農手裡租了四、五份土地；另一方面，出租土地的貧農最後只好告別農村，出外掙工錢。當時在俄國農村內部並不是簡單地發生著農村的破產，而是發生著分化的過程——農民中間分成富農和貧農的過程。普列漢諾夫描繪了八十年代末年，俄國進行「現代化」所造成的一幅典型的城鄉景象：

……農民們自己很清楚，現在的公社完全不是從前的那個樣子了，農民越來越和土地分離。茲拉托弗拉茨基先生的《農村中平凡的日子》中農民們說：「我親愛的朋友，青年們都跑了，都不要土地了……城市在吸引著他們。」確實，城市越來越使鄉村隸屬於自己，把自己的「文明」，自己的對利潤的追求，自己的貧富間的對立都帶進了鄉村；他提高一些人的地位，降低另一些人的地位，創造「有教養的」富農和大批「無地立足的人民」，不顧鄉下老頭們的嘆息，把我們如像舊日重農派那樣的一些改革家和革命家的立腳的基礎無情地破壞了。[25]

普列漢諾夫一方面從現實的發展，無情地暴露了民粹派「擁抱村社」思想的落伍，另一方面，他攤開雙手，熱情地迎接不可避免的資本主義的來臨。他看出今後的發展趨勢將是：鄉村屈服於城市，半開化的國家從屬於文明的國家，農業民族從屬於資產階級的民族，東方從屬於西方。

普列漢諾夫肯定了資產階級在歷史上發揮的正面作用。在短短的一百年間，資本主義創發了空前的生產力。機器的採用加速了生產，輪船、火車、電報使世界頓時縮小，化學在工業和農業的應用使大量的人口湧現在地球上。資產階級所創造的生產力比過去歷史上一切世代所創造的全部生產力還要多。在意識型態上，資產階級把宗教的、封建的和宗法的束縛統統解放了，特別是經過啟蒙運動以後，人類在科學和人文方面的創造力得到驚人的發展。普列漢諾夫為了使這些積極的歷史作用在落後的俄國土地上生根，他極力鼓吹先發展與它相適應的社會經濟基礎。更重要的是，普列漢諾夫認為歷史是最大的辯證主義者，人類生活和思想的演變是循序以進的。抄捷徑，貪圖方便，試圖跳過某一特定的發展階段而直接進入更高階段的作法，後果必將走到它原先意圖的對立面。他堅持沒有資本主義長期發展這一個條件，社會主義是無從發展的。因此，他駁斥民粹主義企圖「跳過」或「迴避」資本主義發展而直接進入社會主義的思想是架空的、反歷史的、不面對現實的。與社會主義民粹派相反的，普列漢諾夫認為俄國不但不比歐洲優越，而且，實際上還遠遠落後於歐洲。在他看來，當務之急就是促成俄國進入資本主義的發展階段。在無產階級還沒有充份發展他們的階級意識，自己還不能單獨進行社會革命之前，應先建立資產階級的民主政體，作為過渡到無產階級政體的橋樑。這種思想通稱為正統的馬克思主義。在這裡，普列漢諾夫是以《共產黨宣言》的忠實信徒和衛道者的身份，出來與民粹派進行辯論的。在《宣言》結束前，馬克思和恩格斯熱切期待著當時正在德國發生的資產階級革命，他們呼籲共產黨人同資產階級一起去反對君主專制和封建土地所有制，促成資產階級革命的成功。然後工人階級才可能利用資產階級統治所必然帶來的社會和政治的條件，作為調轉頭來反對資產階級的武器：

> 共產黨人把自己的主要注意力集中在德國，因為德國正處在資產階級革命的前夜，因為同十七世紀的英國和十八世紀的法國相比，德國將在整個歐洲文明更進步的條件下，擁有發展得更多的無產階級去實現這個變革，因而德國的資產階級革命只能是無產階級革命的直接序幕。[26]

普列漢諾夫跟隨馬克思的思辯軌跡，斷言當時俄國的生產力和資本主義生產關係之間的衝突還沒有成熟，因此俄國還不存在社會主義革命的可能性。

在二十世紀初期，列寧曾經贊成過普列漢諾夫這種思想，列寧在一九〇五年完成的《社會民主黨在民主革命中的兩種策略》就是一個實例。在那裡，列寧重申了普列漢諾夫的論辯：

> 民粹主義者和無政府主義者說什麼俄國可以避免資本主義發展，可以不經過在資本主義的基礎上和範圍內進行階級鬥爭的道路，而經過其他道路來跳出或跳過這個資本主義。馬克思主義是堅定不移地排斥這類夢囈之談的。
>
> 所有這些馬克思主義的原理，無論是一般說來還是單就俄國說來，都是已經十分詳

細地證明了，並且反覆說明了的。而根據這些原理就應當得出下面的結論：除了使資本主義向前發展以外，妄想在任何其他方面替工人階級尋找出路，都是反動的。在俄國這樣的國家裡，工人階級與其說是苦於資本主義，不如說是苦於資本主義發展得不夠。因此，工人階級和資本主義的最廣泛、最自由、最迅速的發展有絕對的利害關係。消滅一切妨礙資本主義廣泛地、自由地和迅速地發展的舊制度的殘餘，對工人階級是絕對有利的。[27]

但是，後來的俄國歷史卻「跳過」這個理論而超速進展。一九一七年，列寧領導的革命是以無產階級革命的勢態出現在歷史舞台上的。在此以前，人們找不到俄國資本主義已經廣泛地發展的那個時期，普列漢諾夫說「社會主義的勝利不可能同專制制度的崩潰同時發生。這兩個時機必須用一個很長的間隔時期來彼此分開。」但是，在俄國革命史上，這個「很長的間隔時期」實際上並沒有出現。布爾什維克的勝利是同沙皇專制的崩潰同時發生的。它似乎兌現了社會主義民粹派的「跳過資本主義發展」的預言，而沒有按照普列漢諾夫的正統馬克思主義的規律去發展。

然而在另一方面，列寧卻藉十月革命，宣稱在俄國已建立了世界上第一個社會主義國家。就列寧來說，他是按照俄國的特殊條件，配合資本主義向帝國主義階段發展的特殊時機，突破了資本主義最弱的一個環節而建立社會主義政權的。列寧這一套新發展的理論，後人通稱為列寧主義，這就是上面所提到的，促成俄國革命的三種主要思潮之中的最後，也是最重要的一種。

列寧主義的胎動

無產階級是歷史的選民，它將擔起解放全人類的歷史任務。這是馬克思主義對未來社會發展的預示。然而，證諸現實，無產階級從來沒有表示過它有這麼大的覺醒和決心，而這項歷史的大任務更不是它能力所及的。挖掘社會結構的矛盾根源，確實歷史發展的動力，這需要有豐富的見識；將革命理論付諸行動，也需要智勇兼備的膽識。這兩個條件多半只有在知識份子身上才可以找到。但是在馬克思主義者看來，這並不妨害無產階級解放人類的理論，因為，儘管無產階級暫時沒有體認到它的歷史任務，不過它在現代社會中所處的悲慘處境，已預定了它在歷史中將扮演的角色；而且，覺醒的革命知識份子可以從旁協助無產階級了解它的任務。馬克思說：

> 問題不在於目前某個無產者或者甚至整個無產階級把什麼看做自己的目的，問題在於究竟什麼是無產階級，無產階級由於其本身的存在必然在歷史上有些什麼作為。它的目的和它的歷史任務已由它自己的生活狀況以及現代資產階級社會的整個結構最明顯地無可辯駁地預示出來了。[28]

能夠系統地分析現代工人生活狀況的癥結，揭示資本主義社會結構的基本矛盾，也就是說，能夠解決「究竟什麼是無產階級」的問題，首先只有像馬克思這樣的知識份子才能作到。幸好，革命的知識份子一向願意充當無產階級解放的助產婆，協助推動工人的革命。但是，理想與現實的出入，經常造成一種窘境：知識份子，或迫於情勢，或不自覺地，可以由從旁協助的地位，一變而滑進越俎代庖的勢態，充當起無產階級的代理人來。這「助產婆」與「代理人」之間，可以失之毫釐，謬以千里，例如，本是無產階級專政的事業，可以一滑蹓，變成對無產階級的專政。作用與反作用，行動與反動之間，經常分界不明，理論的詭弄可以湊成偷天換日的神功，列寧說，「真理再往前走一步就成為謬誤。」這一步之差正是歷史嘲諷的由來。

俄國革命的癥結問題就是，列寧主義是否忠實於馬克思主義？或布爾什維克革命是否就是無產階級革命？這中間有沒有造成理論和實際的矛盾？有沒有蘊涵著某種歷史的嘲諷？歷史顯示，俄國革命體現的並不是由發展成熟的資本主義過渡到社會主義的一般發展規律，而是一個落後的、封建的專制國家，跳過資本主義得到充份發展的歷史階段，而進入社會主義的一種例外情況。列寧就在這種特殊的革命環境中逐步塑造他的理論，因此，列寧主義帶有不同於馬克思主義的一些特殊的、暫時的、曲折的、權宜的性格。列寧主義的擁護者，例如斯大林，認為列寧主義是馬克思主義在不平衡的社會發展下，形成的進一步發展；列寧主義的批評者，例如盧森堡，就認為列寧主義並不完全是馬克思主義，而且還有根本違反馬克思主義的地方。造成不同意見的原因在於，當時列寧進行革命的前後一段期間，俄國國內外存在著一些特殊的歷史條件。

列寧主義可以說是在革命運動退潮，修正主義抬頭的國際氛圍中生長的。它帶有強烈的爭論性質，因為修正主義的大潮流對列寧的革命行動正採取正面衝擊的姿態撲過來，列寧要逆水行舟，衝向改良主義的浪頭，才能奠定他的理論基礎。我們先看看當時國際的和俄國境內的客觀環境，怎麼不利於列寧主義的誕生。

首先覺察到歐洲的社會發展不利於馬克思主義的不是列寧，而是馬克思本人。從七十年代開始，馬克思感覺到一八四八年那樣的革命風暴已經不可能在歐洲捲土重來。一八七一年巴黎公社失敗以後，緊接著在第二年第一國際就告結束，歐洲逐漸進入了一個長期沒有革命的時代。繼之而來的是現代民族國家的建立，以及機械和化學工業的飛速發展。當時，最有可能引起暴動的兩大溫床——德意志和義大利——都分別實現了國家的統一，而窒息了革命的火苗，動亂的波蘭也漸趨安定，匈牙利和奧地利彼此達成了協調，至於法國的第三共和在執行了短暫的反革命鎮壓以後，隨之也踏進了自滿安適的年代，而在愛爾蘭掀起的勞尼亞民族獨立運動終於被撲滅，英國一八六七年的議會改革和七十年代通過的各項改革法令，使英國的工人逐漸浸入溫暾的生活。四十年代以後，馬克思將革命的希望從法國轉而寄託於德國，他說，「革命的中心」已經向東轉移。但是最令馬克思失望的也莫過於德國：一八七八年，德意志帝國國會通過了俾斯麥的反社會主義法令，禁止一切社會民主黨的活動，德國工人不但沒有起來反抗，而且不久也就在加薪和社會生活保障制度的允諾下找到了慰藉。

歐洲，就這樣進入了平息的年代。接續而來的是空前的安定和繁榮。先前只限於英國的工業化，如今也迅速擴展到其他國家，除了一八七三年短暫的經濟衰退以外，各國的經濟都加上了馬力在飛躍發展，生活水平普遍提高，死亡率減低。這雖然並不意味著貧富問題從此絕跡，或歐洲國家已邁入了合理的社會——事實上，當時貧富懸殊的情況還比比皆是，不平等和不正義的事件也層出不窮。但是，馬克思所指望的那種無產階級，迫於貧困，憤而起義的時機在歐洲確已成了落花流水。

資本主義證實了它具有適應新環境的能力，周期性的經濟危機沒有給它致命的捶擊。這個制度具有比過去馬克思主義所假定的，更長的壽命和更強的彈性。隨著科技和管理的進展，它不斷地作自我調整，使自己適應於發展中的社會狀況。資本家沒有馬克思所想像的那麼愚蠢，只顧一味榨取工人的血汗，直到工人起來把他們打倒為止；工人也不如馬克思所期望的那麼勇於流血革命。社會制度的改革相對地沖淡了階級之間的衝突，歐洲的工人階級隨著工業的逐步發達，對加在他們身上的歷史任務，日益感到疏遠和陌生。到列寧時代，歐洲的國際共產主義運動已被伯恩施坦開其端的修正主義所籠罩控制。「革命的中心」已不復存在於歐洲，它還要再向東移，移到比馬克思想像的更東方——俄羅斯。

但是在二十世紀開始的前後幾年間，俄國的革命運動的情況並不比歐洲好多少。當時伯恩施坦主義已侵入俄國，瀰漫在俄國的工運和社會民主黨內。伯恩施坦主義者們順著歐洲的發展趨勢，重新進行社會分析，他們引經據典，搬出馬克思生前說過的話，例如英美社會可以和平過渡到社會主義階段等等，來證明逐步改良才是今後馬克思主義的正途。伯恩施坦主義一時氣勢飽滿，振振有詞，大有所到之處，與之抗衡的意識型態隨即靡倒之勢。革命過時論在俄國和歐洲普遍蔓延。一九〇一年，當列寧著手撰寫《怎麼辦？》時，他心目中的頭號思想敵人就是伯恩施坦。

列寧惴惴於懷的是，從先進歐洲颳過來的這股改良主義風，會麻痺落後俄國的革命意識，而使俄國坐失革命的良機。列寧對宣告革命風暴已經離開歐洲、遠遢而去的預報感到憤憤然的原因，與其說是為了歐洲的無產階級，不如說是擔心俄國會因此捲入國際共產主義運動中，這股呼籲放下武器，步入議會的改良主義的浪濤中，列寧說：「英國的費邊社份子，法國的內閣主義派，德國的伯恩施坦派，俄國的批評派，都成了一家弟兄，他們彼此稱讚，彼此學習，大家一起攻擊『教條式的』馬克思主義。」[29]當時他要進行的工作，就是阻止俄國和西歐在意識型態上走到一起，成為一家人，他要著重突出武裝革命不但不是教條式的，而且才是真正的馬克思主義。但是這不是一件輕易的工作！冰凍三尺，非一日之寒，第二國際之走上修正主義的道路自有它的各種複雜的歷史因素，絕非一場辯論或施展其他的打擊方式，就可以使它消靡於無形的。列寧深深感到這股修正主義猛流的壓力。

英國學者麥金泰爾（Alasdair MacIntyre, 1929-）有一個觀察，他指出列寧在九十年代曾經強調工人階級能夠不依賴他力而進行自我解放，並且贊成過工人運動中爭取福利的經濟主義。但是一到二十世紀，列寧出爾反爾，對他先前支持的經濟主義起而大張撻伐，麥金泰爾解釋說，這主要是因為列寧讀了伯恩施坦的理論，而且，不是因為列寧認為伯恩施坦錯了，而是認為伯恩施坦的分析可能符合事實，因此列寧不免擔憂起來。[30]列寧對歐洲工人漸漸墮入安份守己的情況並非視若無睹，他內心了解西歐的革命浪潮難再鼓動；但是另一方面，在沙皇統治下，封建、落後的俄羅斯社會根基又有隨時瓦解的可能。

列寧一面感到俄國爆發革命的時機迫在眉睫，另一面又看出俄國的工人階級不但人數有限而且沒有強烈的社會主義意識，加以社會民主黨受到伯恩施坦主義的干擾，不能將革命納入武裝起義的正途。列寧感到，如果思想和理論不糾正，革命的良機就會稍縱即逝。列寧主義就在這種嚴重的危機感中受胎成長。昨天列寧重視無產階級的自主性，今天他要強調無產階級的無助狀態；昨天列寧確認工人自己能形成階級意識，今天他要指出工人本身沒有能力達到這種意識。特殊氛圍形成的新思想，就是構成未來的列寧主義軀幹的條條血脈，一九一七年當革命時機到來時，這些血脈就獲得了進一步發展成型的條件。一八九五年列寧在西伯利亞獄中為社會民主黨擬訂黨的綱領時說：

俄國社會民主黨宣布自己的任務是幫助俄國工人階級……的鬥爭，方法是提高工人的階級自覺，促進他們的組織，指出鬥爭的任務和目標。

……

工人的解放必須是工人自己的事情。31

一八九九年列寧更強調地說明：

俄國工人階級即使得不到其他階級的幫助，也能單獨進行經濟鬥爭和政治鬥爭。32

但是，一九〇二年，列寧就翻轉過來，直截地指出：

工人本來也不可能有社會民主主義的意識。這種意識只能從外面灌輸進去。各國的歷史都證明：工人階級單靠自己本身的力量，只能形成工聯主義的意識，即必須結成工會，必須同廠主鬥爭，必須向政府爭取頒布工人所必要的某些法律等等的信念。而社會主義學說則是由有產階級的有教養的人——即知識份子——創造的哲學、歷史和經濟的理論中成長起來的。現代科學社會主義的創始人馬克思和恩格斯本人，按他們的社會地位來說，也是資產階級的知識份子。[33]

斷定工人群眾不能在他們自己的運動進程中創造出獨立的思想體系，這並不是列寧的創見，列寧只是闡明和支持了當時考茨基的觀點，而伯恩施坦卻比考茨基更早發現了工人階級的無能和無助的置境。在《怎麼辦？》裡面，列寧大段引述考茨基的觀點，認為社會主義的思想只有在科學知識，特別是經濟科學和現代技術高度發展以後才能產生，而無產階級的知識水平還遠不能掌握這些科學知識；儘管無產階級多麼希望，它終究不能創造出經濟知識，也不能創造出現代技術，這兩種東西都是資產階級的文化產物，因此，科學的代表人物不是無產階級，而是資產階級的知識份子。社會主義革命和沒有階級存在的理想社會都是從這一群知識份子的腦袋裡產生出來的。無產階級自己的想法並不重要，既然工人暫時無法掌握現代知識，他們對自己的遭際，不但不能分析出它的禍因，而且對將來的出路更是束手無策。列寧強調革命思想的創造工作主要是落在覺醒的知識份子身上，但是工人只要具備了必要的知識也可以參加這個思想締造的工作：

這當然不是說工人不參加這一創造工作。但他們不是以工人的身份來參加，而是以社會主義理論家的身份、以蒲魯東和魏特林一類人的身份來參加的，換句話說，只有當他們能或多或少地掌握他們那個時代的知識並把它向前推進的時候，他們才能或多或少參加這一創造工作。[34]

這就指明了，從革命事業的第一個階段，即理論創造時期開始，革命知識份子和無產階級之間，客觀就存在著一種主從的關係，同時也證實了無產階級可以單獨進行革命的論斷是錯誤的——至少在俄國的情況，證實是如此。

這裡把列寧前後兩個時期的看法相提並列，與其是意味著列寧思想的前後矛盾，不如說是藉此突出，列寧作為一個馬克思主義者，從抽象理論投向具體現實的一段升越。對「空想」的馬克思主義者而言，正視到無產階級最初階段的無知和短視是一段不容易克服的認知歷程。只在理論層面上滑行，而不面對現實的「左派」們經常對無產階級有兩種極端的表現：一種是神化無產階級，把它當作全知全能的神祇來供奉膜拜；另一種是愚化無產階級，認為它是無可救藥的愚蠢無知，只配踩在腳下。前一種多半是狂熱份子的行徑，把群眾誤當眾神，發洩他們拜物狂的情緒；後一種多半是反映了政客和官僚的心態，把群眾當作愚眾，卻又隨時把「無產階級」四個大字扯成旗號，掩飾自己的反動。這兩種截然相反的表現，事實上是一體的兩面，這都是站在社會主義的對立面而發作的症狀。歷來馬克思主義者都要經歷兩個階段的認知和考驗，不能升越到這兩種認識，不能經受這兩種考驗，都成不了真正的馬克思主義者，也修不成社會主義的正果。這就是：第一，不夾帶情緒地承認，無產階級相對缺乏知識、眼光短淺，而且經常安於貧困的這些赤裸裸的現實；第二，別具慧眼地洞識到，無產階級在一定的條件下確有進行社會主義革命、推動人類歷史的潛力。換句話說，這兩種認識就關涉到，革命知識份子怎麼協助無產階級培養階級意識，從而促成無產階級專政的中心問題；由於在歷史現實中，知識份子常有延長指導無產階級，或甚至有潛篡取代無產階級的地位的傾向，所以這兩種認識落實到實踐上，常常就成為難以克服的考驗。

在實際的革命進程中，社會主義知識份子和無產階級之間的關係並不是單純的協助和合作的關係；它們之間應該是一連串相激相蕩、相剋相生的，而一直沿著鋸齒狀軌道發展的微妙關係。一開始，由於無產階級受到資本主義發展規律的限制，而沒有獲得應有的知識，因此革命知識份子就處在指導無產階級的地位。但是，如果在實際行動上，這種指導和被指導的關係一直持續下去，無產階級就不能擺脫知識份子的保護，同時也就因而沒有實行無產階級專政的一天，更妄論在未來的歷史中，由無產階級將人類從階級矛盾中解放出來的大事業了。社會主義者應當無時無刻不意識到，在一定的歷史時刻，無產階級是要脫離知識份子的護航而自己操舵領航的，另一方面，知識份子也要有這樣的認識，就是在適當的時機，隨時停止護航而讓道於無產階級。在指導者這一方面，要知放手，而又知何時放手、如何放手；在被指導的這方面，要力求自立，擺脫可能隨時發生的無休止的指導。革命知識份子和無產階級，雖然攜手同奔一個目標，但是在革命的旅途上，隨時隨地存在著相容相對的緊張關係。即使在社會主義的階段，無產階級專政也絕不是什麼水到渠成，順其自然發展就能達成的。社會主義的歷史就是革命知識份子和無產階級之間相互鬥爭、相互濡化的歷程，就整個進程看來，這也是無產階級的階級意識成熟的歷程。在十九世紀的八十年代，普列漢諾夫對自己提出一個問題：無產階級既然是一切社會階級中最貧窮的，怎麼使它同時又在現代知識和政治歷練上成為最先進的階級呢？他的回答是，革命的知識份子應該在知識和政治鬥爭方面培養工人階級，而且培養它的未來的歷史舞台上扮演獨立和進攻的角色：

社會主義知識份子應當在行將到來的解放運動中成為工人階級的領導者，對工人階級說明它的政治和經濟的利益，以及這些利益之間的相互關係；應當培養工人階級在俄國的社會生活中起獨立的作用。社會主義知識份子必須用一切力量爭取在俄國憲政生活的初期，使我們的工人階級能作為一個帶有確定的社會政治綱領的特殊政黨而出現。我們應當把詳細擬定這一綱領的工作讓給工人們自己作。[35]

在理論上吃緊的，就是如何放鬆指導的對象而由它去扮演歷史主角的問題，在實踐上，這更關涉到另一層次的複雜問題。一九一七年革命後，布爾什維克黨內就產生了圍繞著俄國工人階級應否當政這一問題引起的各種爭論。由於對馬克思主義的了解和對當時俄國革命的形勢分析各有出入，加上權力來到時，形形色色的主觀欲念難以解脫，還政於無產階級的問題就有流產的趨向。

在二十世紀的開端，列寧對自己提出的問題是這樣的：俄國資本主義還沒有得到充份自由發展的機會，主要的兩個階級，即資產階級和無產階級之間的矛盾還沒有激化，工人階級既是少數又是文盲，但是封建的沙皇專制已搖搖欲墜，行動中的馬克思主義者「怎麼辦」？列寧的回答是：「給我們一個革命家組織，我們就能把俄國翻轉過來」！[36]列寧放棄了工人階級能獨立進行革命的看法，轉而熱心於組織由知識份子職業革命家為中心的革命地下黨。地下黨員負責宣傳、統戰、創造理論、制訂策略等等俄國無產階級作不來的一切革命工作。列寧一方面提倡把階級意識和社會主義思想灌輸到工人群眾之中，另一方面與國內的經濟主義派和恐怖主義派作理論的鬥爭。經濟主義者認為，如果工人還沒有提出革命的要求時，革命家不應當把革命任務強加到工人身上，他們一再重申工人的解放必須是工人自己的事業。當時流放在國外的列寧看出俄國的動亂時機，已經箭在弦上，隨時可發，而國內的革命黨人還照例把一雙無用的手放在空洞的胸口上，對即將來臨的風暴不但沒有心理準備，更沒有行動計劃。列寧疾呼革命知識份子應該領導無產階級進行革命。對於站在工人背後任由其自由發展的那些「革命家」的落伍心態，列寧借用了普列漢諾夫的一句話來批評：他們「虔誠地注意著俄國無產階級的臀部」。列寧呼籲革命家不要站在只看到工人階級臀部的那個地位，而要領導他們介入政治鬥爭，列寧說：「我們並不是一些單靠『經濟主義』政治的稀飯就能餵飽的小孩子」。[37]

另一方面，列寧對俄國的恐怖主義份子也作了理論上的鬥爭。他認為經濟主義和恐怖主義在意識型態上有一個共同點：兩者都崇拜自發性。經濟主義是崇拜工人階級為自身利益而進行經濟鬥爭的自發性；恐怖主義是崇拜知識份子受個人良心的驅使，用這樣或那樣的恐怖行動來進行革命的自發性。兩者都自囿於局部的、單個的活動，而沒有激發存在於社會各階層的、全面的、自覺的革命潛力。這種落在形勢背後的現象，列寧斥為「尾巴主義」，而它們表現的消極、鬆懈，不能持續，不展開為全面鬥爭的作法，列寧則稱之為手工業方式。

與經濟主義相反的，列寧要引導工人走向政治鬥爭；與恐怖主義相反的，列寧要一個組織嚴密，成員都遵守鐵一般紀律的地下黨。為了應付沙皇警察的鎮壓，列寧對這個組織的構想是：成員由職業革命家組成，數量應該儘量縮小，而其性質是嚴格祕密的，他舉出三點來區別工人組織和革命家組織：

第一，工人組織應當是職業的組織；第二，它應當是儘量廣泛的組織；第三，它應當是儘量少帶祕密性的組織……。相反地，革命家的組織所應當包括的首先是並且主要是以革命活動為職業的人……。這種組織必須是不很廣泛的和儘可能祕密的組織。[38]

顯然的，這種以少數職業革命家組成地下革命黨，以密謀的方式試圖顛覆反動政權的作法，是不符合正統馬克思主義的思想的，而馬克思和恩格斯有批評主張以少數人用密謀搞革命的布朗基主義（Louis-Auguste Blanqui, 1805-1881）的實例在先，這一點列寧是不會不知道的。事實上，當時列寧這種思想，也遭到俄國社會民主黨內和共產國際上許多同志的批評。在形成他個人的革命思想時，列寧經常是處於少數派，或許他暫時感到孤立無援罷，他在《怎麼辦？》裡面，有一段在全書其他地方找不到的抒情文字，表現了列寧當時所處的逆境和他個人意志的堅韌：

我們緊緊靠在一起，循著崎嶇險阻的道路緊拉著手前進。我們被敵人四面包圍，我們幾乎隨時都得冒著敵人的砲火行進。我們根據自由通過的決議聯合起來，正是為了要同敵人鬥爭，而不致失足落入旁邊的泥潭裡。那些呆在泥潭裡的人，一開始就責備我們獨樹一幟，責備我們選定了鬥爭的道路，而不是調和的道路。現在我們中間有些人喊道：讓我們大家到這個泥潭裡去吧！當人們開始恥笑他們的時候，他們卻反駁說：你們這些人多麼落後呵！你們怎麼好意思否認我們有號召你們走上比較好的道路去的自由！是呵，先生們，你們不僅可以自由地號召，而且可以自由地走向隨便什麼地方去，哪怕是走向泥潭裡去也可以；我們甚至認為你們應有的位置正是在泥潭裡，而且我們願意竭力幫助你們搬到那裡去。[39]

原載《抖擻》二十六期，香港：抖擻雜誌社，筆名羅安達，頁一——十二。一九七八年三月。

25.《我們的意見分歧》，《普列漢諾夫哲學著作選集》，一九六二年，北京，第一卷，第三一〇頁。
26.《共產黨宣言》，《馬克思恩格斯選集》，第一卷，第二八五頁。
27.《列寧選集》，第一卷，第五四〇—五四一頁。
28.《神聖家族》，《馬克思恩格斯全集》，第二卷，第四十五頁。
29.《怎麼辦？》，《列寧選集》，第一卷，第二二四頁。
30.參看羅伯特・康奎特斯，《列寧評傳》（Robert Conguest, ***V. I. Lenin***），紐約，一九七二年，第三十一頁。
31.《社會民主黨綱領草案及其說明》，《列寧全集》，第二卷，第七十頁。
32.《我們的綱領》，《列寧選集》，第一卷，第二〇五頁。
33.《怎麼辦？》，同上第一卷，第二四七頁。
34.同上，第一卷，第二五六頁。
35.《社會主義與政治鬥爭》，《普列漢諾夫哲學著作選集》，第一卷，第一一三頁。
36.《怎麼辦？》，《列寧選集》，第一卷，第三三七頁。
37.同上，第二八八頁。
38.同上，第三三三頁。
39.同上，第二二七頁。

戰後西方自由主義的分化

——行動中的列寧主義（五）

列寧的革命理論，就在這些調和主義、改良主義和經濟主義浸漫國內外社會主義陣營的同時，頻頻傳出了胎動的消息。第一次外國革命（一九〇五—一九〇七）以後，未來構成列寧主義的理論骨架大致已經形成，但是要等到一九一七年它才獲得了落實的機會，而逐步發展成為蘇維埃革命的主要理論基礎，往後它更滲透到蘇聯共產黨的各個層面，塑造了新型的組織生活和社群關係。

在一九一七年以前，列寧在不同的場合，早就闡述了列寧主義中一些重要的組成部份，其中可以歸納為下列五點：

1. 列寧從意識學說出發，強調俄國無產階級，由於它的意識發展趕不上當時社會的迅疾變化，因而對駕馭革命的大事業無能為力。而且，工人要求改善自己經濟生活的自發性反抗只會把工運推入資產階級的羽翼下，表面上是反抗，實質上是投降。如果任由工人自己去推動他們的運動，工人階級就無從培養他們的階級意識，因而就不可能從自發性的福利要求推展到自覺性的革命行動；

2.社會主義革命意識是外在於無產階級，而不可能在工人內部自我發展的，因此需要革命知識份子將這種革命意識從外灌輸進去。列寧強調自覺優於自發，理論先於行動，教育和領導工人階級的責任就順理成章地落在知識份子的肩上；

3.革命需要有一個地下黨。這個黨的主要成員是一群以革命為其專業的知識份子。他們以工人階級的先鋒隊和領導人自居，同時他們允諾為這個被壓迫階級的利益而奮鬥；

4.這個黨以無產階級的名義進行革命，職業革命家將工人組織起來，使他們投入革命行動，讓工人了解無產階級的歷史任務，並在革命武裝行動中，由他們充當攻城槌；

5.這是一個新型的黨，它需要新型的組織體制。它應該像軍隊那樣組織起來，嚴守鐵一般的紀律，標榜絕對的服從。而權力歸中央委員會，社會主義的民主要設法達成一長制，權力高度集中、意志高度集中是實現無產階級專政的條件。

在這裡容易引起疑心的有兩點：

第一，少數的職業革命家以無產階級代辦員的身份，替無產階級進行革命，政權奪取後是變成少數人的專政，還是無產階級的專政？

第二，黨內要求遵守鐵一般的紀律，講求軍事化的絕對服從，那麼黨內或全國範圍內的民主生活如何發展？對高度集中的權力怎麼產生制衡的作用？

這兩個問題不但在俄國革命成功後經常被提出，用以探討蘇聯共產黨和蘇聯國家政權的實際性質，即使在革命進行中的當時，布爾什維克黨內外的同志和論敵們也經常以這兩個問題質問列寧。列寧對這些問題的了解，特別是它對這些問題的處理方法，應該算是列寧主義真髓的一部份。

為了避免從列寧主義身上抽去歷史的血液，使它成為一套蒼白的抽象理論，我們暫時回到俄國革命的現實，從行動中看列寧主義的形成。

在布爾什維克的革命過程中，有兩個時期對列寧主義的成型具有決定性的作用。第一個時期是一九一七年四月到十一月；第二個時期是一九二一年三月召開俄共（布）第十次代表大會的前後一段時間。

一九一七年三月，沙俄的專制政體在內外交困下，經不起二月的革命騷動，幾乎未經流血，就自告崩潰。布爾什維克和孟什維克的地下組織，從第一次世界大戰爆發以來不斷被政府破獲，屢受鎮壓，當時正陷於半虛脫狀態，因而對這一次突如其來的革命，正如對一九〇五年的那一次一樣，在驚愕之餘都措手不及，幾乎沒有發揮重大的作用。當時，列寧在瑞士獲悉消息，也大為驚訝，這是他始料未及的，列寧同其他的革命者一樣，時時刻刻都期待著革命，時時刻刻都感到大事臨頭的肅殺氣息，但是卻沒有實際去籌劃行動。一月間，列寧對瑞士的工人和學生演說時還說：「我們這些老年人，也許活不到這次革命的決戰那個時候了。」[40]但是事隔兩個月，沙皇即告崩潰，而八個月以後，布爾什維克就取得政權。

第一次世界大戰一開始，列寧期望，俄國工人可以藉此加速其階級意識的發展，進而引發革命的導火線。但是，一九一四是馬克思主義退潮，第二國際解體的開始。歷史證明，民族主義可以成為無產階級革命的大剋星。大戰一爆發，各國在民族大義的前題下，暫時調和了國內的階級矛盾。各階級的利益得到了統一，大家同仇敵愾，一致向外。在這個關頭上，民族意識仍然可以壓倒階級意識，歷史雄辯地指出，現代歷史發展的基本單元是國家，而不是階級。事實上，十九世紀七十年代，歐洲各民族逐一完成了統一，建立了現代國家以後，社會主義的國際精神就被勒困在國家的範圍內，而難以跳出日益森嚴的國家圍牆。民族國家這一個因素，在人類現代史上起著重大的作用。這是強調無產階級國際主義的馬克思當然沒有預料到的一個新發展。七十年代的今天，在回顧和前瞻社會主義運動時，這個因素不能不成為討論的起點。

在大戰的前夕，第二國際的大會決議中規定，社會主義者必須在自己國家的議會中投票反對軍事預算；這些決議載明，各國工人認為為了增加資本家的利潤而相互射擊是犯罪行動，強調為了反對戰爭必須進行革命。但是第二國際的領袖們站在本國帝國主義資產階級方面，紛紛投票贊成軍事預算，支持帝國主義戰爭，工人們也紛紛拿起槍桿，捍衛祖國而把階級利益擺在一邊。從社會主義的觀點來看，這是十足的背叛行為。無奈當時的社會主義者抵擋不住民族沙文主義的浪潮，他們終於成為軍國主義的擁護者。大戰在一夜之間，把社會主義者變成護國主義者，把階級對立化為階級合作。

俄國的社會主義者也一樣掙脫不了愛國情緒的猛浪。留居國外的列寧和托洛茨基是顯著的例外，他們始終沒有離開社會主義者的立場，至於其他大部份的革命者，或表示支持沙皇的對外戰爭，或保持中立，默不作聲。俄國無產者，特別是農民也一批批開往西戰線，與歐洲的無產者短刃相見。列寧期待著讓戰爭把無產階級的革命意識烘熟的意願終成泡影。

然而，另一方面，沙皇在戰爭的拖累下，不能應付糧食、原料、燃料的嚴重匱乏，國家軀幹的各部份併發著脫臼的現象。彼得堡釀成大規模的罷工和暴動，警衛部隊拒絕執行鎮壓任務，一時秩序紊亂。一個星期之內，維持了三百年的羅曼諾夫皇朝就摧枯拉朽一般被撕扯下去。在各方都陷入驚慌的情況下自選自封的國家杜馬臨時委員會成立了臨時政府。社會主義革命者也在各地組成了蘇維埃（一九一七年各地的蘇維埃，大多數由知識份子構成骨幹，例如彼得格勒蘇維埃的執行委員會的四十二名成員中只有七名是工人）。這時布爾什維克的一些領袖們還在監獄裡或流放地，布黨在彼得格勒的工作由莫洛托夫領導，而將來成為革命主幹的兩個人物當時都還在國外——列寧在瑞士，托洛茨基在紐約。三月間，由孟什維克組成的彼德格勒蘇維埃和臨時政府達成了一項協議，這就是由孟什維克左派蘇科洛夫（N. D. Sokolov, 1870-1928）、孟什維克國際主義派蘇漢諾夫（Nikolai Sukhanov, 1882-1940）、和當時不屬於布黨也不屬於孟黨的斯德克羅夫（Yuri Steklov, 1873-1941）負責擬訂的著名的《第一號法令》。這一項法令為以後的暴動打開了一條出路，臨時政府簽了這項法令不啻畫圈自封，種下了從此秩序難以維持的主因。因為法令規定士兵可自行組織蘇維埃，而臨時政府不向起義的武裝部隊進行繳械或遣送前線，這直接促成了軍隊迅速加入革命隊伍的趨勢。

一九一四年四月三日，列寧獲得德國提供的便利，乘火車回到彼得格勒。抵達後，列寧立即提出了有名的《四月提綱》，呼籲「不給臨時政府任何支持」、「全部政權歸蘇維埃」。在列寧流亡國外期間，俄國境內的布爾什維克黨是由加米涅夫和斯大林領導的。當時他們還持有正統的馬克思主義的觀點，認為沙皇崩潰後，將有一個長時期的資產階級革命階段，在這個階段裡，黨的職責是發揮「忠實的反對派」的作用，向「臨時政府施加壓力」使它儘早結束對外戰爭，與交戰國締結和平協定，同時布爾什維克也著手進行與孟什維克磋商合併的工作。這些提案，在列寧回國以前不久召開的全俄布爾什維克代表大會上表決通過的。列寧在提綱中提出的主張恰與黨內的決議背道而馳。除了表明不支持臨時政府外，列寧還堅持不與孟什維克合併，申言只有打倒資產階級才能達成和平。當時布黨的《真理報》馬上駁斥了列寧的意見，許多黨內的領袖，如加米涅夫和李可夫都組成反對派來抵制列寧。

從這個時候開始，一直到一九二三年病倒不能躬親視事為止，列寧經常表現出先獨斷獨行，再作說服工作的作風。他的意見和決定多半出人不意突如其來，而可以遷就形勢作前後不一致的主張。這常使他的追隨者莫測高深，難以順從。在黨內列寧有無數次以一當百的經驗，在關鍵時刻他可以堅持單人陣線，自居少數派而不畏懼。但是不可否認的，列寧具有超乎常人的遠見和膽識，他不受理論教條的束縛，也不被瞬息萬變的局勢所蒙蔽。在政治上，他有靈活的支使能力，在行動上，他的策略明快果斷，加以在黨內他具有特殊的聲譽和威望，因此在理論和政策的爭辯中，列寧往往可以感化論敵，化敵為友，終而贏得黨內多數的支持。列寧雖然在四月間一回國就遭到黨內的反對，但是不久他就能夠掃卻阻撓，促使全黨支持他的《四月提綱》，贊成權力歸蘇維埃——但有一個條件，就是要等到布爾什維克在各地的蘇維埃成為多數時才這樣作。

七月三、四兩日，布爾什維克第一次進行了奪取政權的嘗試。這時，彼得格勒有規模龐大，組織鬆散的工人武裝示威，呼籲當時在孟什維克控制下的蘇維埃奪取政權。這給布爾什維克一個借鏡，認為武裝起義的時機已到。但是事實上，布黨的武裝行動的戰略和技術問題都還來不及從詳制訂，行動的結果自然是失敗的。列寧在這次失敗的經驗中吸取了教訓，他得到一個不容反駁的結論：下一次時機再來時，他將不依賴組織鬆散的、自發而起的群眾行事了。

行動失敗後，輿論的矛頭轉向布爾什維克。臨時政府指摘列寧是「德國的間諜」，發出逮捕令。輿論又揭發布爾什維克受德國的金錢援助。列寧在政府和輿論的雙重壓力下避走芬蘭。當時列寧或許感到實際奪取政權的機會在一段時期內不會捲土重來，因此他靜下心來，在芬蘭寫他的《國家與革命》。

在回國短短的三個月之內，列寧證明了他是布爾什維克不可或缺的領導者。列寧具有容忍異己的度量，只要幡然悔改，他可以歡迎昨日的政敵；同時他又能毫不猶豫地狠打黨內外的反對者。列寧的權力意志是他革命的一個重要原則。自始至終，列寧堅持布爾什維克要包攬全部的政權，不與其他的革命黨派分享；而在自己的黨內，列寧也堅持以他自己為中心，如果不能遂意，在無可挽回的情況下，他可以不惜離開原有的團體，另起爐灶，而不容許有一室二主的局面存在。列寧這些辛辣懾人的性格在當時俄國社會主義革命的領袖群中是絕無僅有的。對馬克思主義的認識和對時局的分析，有人優於列寧，但是作為領袖的那股自然放射出來的懾服魅力，有允諾有擔待，令人當下折服的氣魄，加上能隨機應變，馭形勢於掌中而又敢衝敢闖的膽識，在這方面就無人出其右了。由於這些條件，俄國的革命史上就處處體現了列寧的性格，而這些性格不只是構成列寧主義的主要因素，這已經成為列寧主義不可分割的一個有機部份了。

一九一七年的俄國政局變幻莫測。列寧還來不及寫完《國家與革命》，他的機會又來了。九月初，臨時政府的新任總司令科爾尼洛夫企圖建立軍事專政，抵制革命力量。當時臨時政府總理克倫斯基經過一番權衡之後，決定鎮壓這個行動，乃借用布黨的武裝力量和孟黨控制的鐵路總公會來對付科爾尼洛夫。等到科爾尼洛夫一消除，布爾什維克的實力也隨之大增。這個時候，以布爾什維克、孟什維克和社會革命黨為中心的俄國社會主義革命陣營內又掀起了大團結情緒。

十月七日，列寧從芬蘭再度回國，在黨內提出奪取政權的倡議，但是布黨中央委員會不支持這個意見。在緊接著的幾個星期內，列寧照例運用他的斡旋能力，贏得一部份人的支持，打擊另一部份人的反對，這樣又達成了他的目的。十月二十三日他終於獲得了中委會的多數支持，以他的綱領為黨的綱領，準備奪取政權，向社會主義過渡。當時以中央委員加米涅夫和季諾維也夫為代表的一部份人，堅持反對列寧的主張，認為俄國還沒有條件進入社會主義革命的階段，列寧對這種反對派照例饗以「叛徒」之名。

這時，困擾俄國馬克思主義者幾達半個世紀的老問題，在布爾什維克的黨內又激起爭辯：在俄國，資本主義的生產關係和民主體制已經得到充份的發展了嗎？俄國可以進行社會主義革命了嗎？這個爭論的主題此時此刻成為全黨何去何從的大問題，而且不但是這一次，今後它還會在關鍵時刻繼續重現，即使在奪取政權成功後，這個問題還不可能因此消於無形。相反的，一九一七年以後的二十年間，這個爭辯卻愈演愈烈：一九一八年開始的「戰時共產主義」、一九二一年實施的「新經濟政策」、列寧死後，「不斷革命論」和「一個社會主義」的對峙、一九二九年的「農業集體化」等等都是圍繞著這個爭論的主題而推展的；三十年代，斯大林一手搞起來的血腥的肅反運動也間接與它有關；甚至到今天，蘇聯官方雖已取消了這個論辯，但是問題並沒有死亡。在社會上不准公開討論時，它自然就會找到途徑轉入地下。從目前流傳出來的地下文獻可以看出，蘇聯歷史學家試圖解決的問題之一就是，蘇聯之所以有種種不合理的政治和社會制度，是否由於俄國沒有充份發展資產階級民主，而社會主義制度早產所致。從這個觀點看，列寧主義也可以說是圍繞著這個主題而發展出來的。

列寧迫使黨內通過他要求奪取政權的提案以前，早在四月間拋出《提綱》時，他的分析觀點就遭到多數的反對。列寧在《提綱》中截然決定：

目前俄國的特點是從革命的第一階段過渡到革命的第二階段，第一階段由於無產階級的覺醒性和組織性不夠，政權落到了資產階級手中，第二階段則應當使政權轉到無產階級和貧苦農民階層手中。[41]

一九一七年四月八日，黨的機關報《真理報》就批評說：「至於列寧的提綱，它從資產階級民主革命已經結束，而期望這個革命轉入社會主義革命的前題出發，這是不能令人接受的。」這段話反映了當時俄國革命陣營內的普遍意見，在這個爭論點上，布爾什維克和孟什維克的立場是一致的。分歧可以說是產生在列寧一個人和其他所有的社會主義革命者之間。列寧斷言俄國資產階級民主階段已經完成的主張，被認為是完全脫離馬克思主義正軌的癡人囈語，列寧一回國就作此驚人之論，對國內一向敬仰他的革命者而言不啻是一記大悶棍。[42]第二天，黨內一些成員希望能藉這個機會湊成左派大團結的形勢，召開了由布黨、孟黨和其他種種黨派都參加的社會民主黨的聯席會議，列寧在會上又搗碎了大團結的希望，他作了書面報告《談無產階級在這次革命中的任務》，強調俄國無產階級專政的最好政治形式是蘇維埃共和國，而不是議會制的民主共和國，這個報告就是後來有名的《四月提綱》。蘇漢諾夫有一段對會議的報導：

（列寧）是鬧分裂搞宗派的一個活生生的榜樣……他的每句話都引起眾怒。抗議和憤怒的喊叫開始此起彼落，這不只是一個在「團結的」會議上不適於作這種演說的問題，這也是對團結的構想、社會民主黨綱領和馬克思主義理論的基礎吐痰表示藐視……我記得波格丹諾夫叫道：「這簡直是語無倫次，癡心妄想！不應該對這種天花亂墜的空話拍手喝彩！」他氣得臉色發青，轉向聽眾羞怒道：「你們這些馬克思主義者，應該感到慚愧啊！」（同上，第一〇七頁）

當時在布黨內部，代表青年左派勢力，後來支持列寧奪權主張的布哈林，在事隔幾年後對列寧當時的言論回憶道：

我們自己黨內的一部份人，而絕非一小部份，認為這幾乎是出賣了眾所接受的馬克思主義思想！（參看科恩：《布哈林與布爾什維克革命》，S. Cohen, *Bukharin and the Bolshevik Revolution*, New York, 1973，第四十八頁。）

當時普列漢諾夫在他的《統一報》上直斥列寧的《四月提綱》是一則「夢話」，他說：「只有列寧一人仍將處於革命之外，我們將走我們自己的路。」這場爭論的焦點，歸根結柢還是「階段論」的問題，是關涉到俄國是否能夠從半封建的生產方式，「跳過」資本主義階段，而直接過渡到社會主義生產方式的問題。在俄國的馬克思主義者看來，列寧的《四月提綱》顯然是企圖跳過中間階段而直入社會主義堂奧的異端邪說。四月回國前的一個月，當他向瑞士工人告別時，列寧自己還說：

俄國是一個農民國家，是歐洲最落後的國家之一。在這個國家裡，社會主義不可能立刻直接取得勝利。[43]

雖然早在一九〇五年，列寧就暗示過實現社會主義革命，建立蘇維埃政權的「最高綱領」的可能性，但是列寧主義的理論基本上還是建立在「意識論」的基礎上。它強調在社會主義意識還沒有發展成熟以前，俄國的社會結構不可能由一個落後的半封建社會直接過渡到另一個更高的社會主義社會。列寧自己強調指出過：

如果群眾還缺乏覺悟和組織性，還沒有在他們對整個資產階級的公開的階級鬥爭中受到訓練和教育，那是根本談不上社會主義革命的。無政府主義者說我們拖延社會主義革命，對於這種反對意見，我們回答說：我們並不是拖延社會主義革命，而是用唯一可能的方法，沿著唯一正確的道路，即沿著民主共和制的道路，向社會主義革命邁出第一步。誰想不經過政治上的民主制度而沿著其他道路走向社會主義，他就必然會得出一種無論在經濟上或政治上都是荒謬的和反動的結論。如果某些工人在相當的時候質問我們為什麼不實現最高綱領，我們會回答他們說，具有民主主義情緒的人民群眾對社會主義還格格不入，階級矛盾還沒有發展起來，無產者還沒有組織起來。你能在全俄國各地組織幾十萬工人嗎？你能爭取幾百萬群眾同情我們的綱領嗎？你試著去做做看，而不要光說些聽起來很響亮但不過是無政府主義的空話，那你馬上就會知道，要實現這樣的組織任務，要進行這樣的社會主義教育，必須儘可能充份地實現各種民主改革。[44]

一九一七年十月，當列寧再度回國，向黨內提出奪取政權的主張時，離沙皇崩潰也只不過是短短六個多月的時間，難道普遍的俄國人民在這短暫的期間內就已經獲得了充份的階級鬥爭機會？他們的社會主義意識難道已經受到足夠的訓練和教育？在民主憲政的政體上和其他各種民主改革方面難道都具備了豐富的經驗？俄國的工人階級難道已經萬可俱備，只待行動？這些問題都是當時列寧在布爾什維克黨內外遭遇到的挑戰，特別是在黨內，列寧面對的阻力是相當大的。[45]但是，就在這關鍵性的時刻，列寧曾在自己的勢力範圍內受到反對派的困擾，他卻在黨外獲得了今後革命行動中一個最得力的幫手——托洛茨基（Leon Trosky, 1879-1940）。

托洛茨基本不屬於布爾什維克，也不屬於孟什維克。一九〇五年第一次革命時，他是彼得堡蘇維埃主席。他自己加入革命運動後，就自立門戶，成為獨來獨往的理論家兼行動者。追隨他的人雖不在少數，但他沒有建立像列寧那樣一個組織嚴密的地下黨，以後的歷史會證明這是托洛茨基政治生涯的致命傷，他將一步步陷入孑然孤立的處境，即使他後來加入布爾什維克而身居要職以後，他還是被視為外人，處處受到老布爾什維克的監視、猜疑和排斥。正因為這樣，以後托洛茨基的言論和立場往往要比布爾什維克表現得更加布爾什維克，以期贏得黨內的信任。

一九一七年六月，托洛茨基的這股革命力量與布爾什維克合併，在十月革命的實際行動中，托洛茨基將發揮重大的作用。在革命的前夕，他的「不斷革命論」更解決了環繞著「階段論」爭執不休的理論困難，而為布爾什維克奪取政權作了輿論的準備。

如果按照馬克思主義的原理行事，在經濟和政治上都處於落後狀態的俄國，並不存在著進行社會主義的條件，俄國當時的社會發展階段只容許它進行資產階級革命。但是如果墨守理論，死抱馬克思主義的經典，照方抓藥，那麼布爾什維克就要放棄推翻臨時政府的構想，而死心塌地去扮演「合法反對派」的角色，作一個沒有實權的在野黨，直到資本主義發展熟爛而為社會主義革命創造了條件為止。這種結論顯然不合當時志在革命奪權的那群行動家的脾胃。

大部份的孟什維克都信奉「階段論」而傾向於作長期等待的打算，他們支持普列漢諾夫的分析，排斥列寧的主張。大致說來，孟什維克具有學者型的氣質，他們擅長分析，而拙於行動。十月革命爆發以後就會揭露，他們是口的巨人，手的懦夫。當革命的行動以小時、以分秒在迭次激化時，他們就跌入漢姆雷特式的困境：行動或不行動，成為纏繞他們內心的大問題。他們不是革命的激進份子，他們帶有濃厚人道主義的溫和氣質，他們的職志在於社會革命而不熱衷政權的奪取。這一點，孟什維克們直承十九世紀中葉由赫爾岑開其端的俄國社會革命傳統。在他們看來，社會是第一位，國家是第二位，政權的奪取在社會革命中不佔首要地位。他們被推向實際的暴力行動，純屬歷史的偶然，形勢迫使他們穿上了不合身的戰袍，普列漢諾夫以及同列寧一起出道的《火星》同伴阿克雪里羅德和馬爾托夫都是這一類型的人物。

相反的，列寧是行動家型的馬克思主義者。而且熟讀德國兵法家克羅塞維茲（Carl von Clausewitz, 1780-1831）的列寧更不易淪為經典文字的俘虜，他不囿於理論，隨機蟬脫，能駕馭形勢而不為形勢所駕馭。列寧堅持無論在什麼情況下都要掌握領導權，這是布爾什維克成功的一項決定性因素。一九一七年，他在《論兩個政權》上強調說：「一切革命的根本問題是國家政權的問題。」在這方面，列寧代表的布爾什維克，和孟什維克強調社會先於政權的思路是終究要走上不同道路的兩種派別。

當俄國的馬克思主義者得出了俄國不可能進行社會主義革命時，列寧表示反對。他認為俄國的資產階級太虛弱、太反動，絕不能依賴它去推翻沙皇的封建制度。因此，資產階級民主革命只能由工人階級和代表它的革命政黨去進行。革命成功後，應由「無產階級和農民的革命民主專政」來掌握政權，直到俄國的情況適於進行下一階段的革命即社會主義革命為止。

這是列寧從一九〇五年以來就不斷發揮的理論，正由於這種分階段進行革命的理論長久以來已為黨內所接收，因此，列寧在一九一七年突然呼籲打倒臨時政府，直接建立蘇維埃政權時，才會引起革命陣營內部的大爭執，而一時陷入裹足不前的坑道。如果條件不成熟而冒然行動，這將背反馬克思主義的歷史分階段發展的哲學，但是如果不採取行動，當時的馬克思主義的革命家不但將坐失良機，而且以後還可能受資產階級反撲而釀成自我毀滅的厄運。這種理論與實際不易調和的僵局不但反映在孟什維克和布爾什維克對立的情勢，而且也反映在布黨內部的爭論上面。革命者似乎被迫入非此即彼的死巷裡：放棄歷史哲學，或放棄革命行動。

當時在十月行動前夕，比較完滿地解決了這場理論的僵持，進而推動了革命的是托洛茨基的「不斷革命論」。

一九〇五年以來，托洛茨基對俄國社會性質就有一個精刻的觀察。俄國受到先進西歐文化的誘發以後，俄國國內的經濟和社會發展漸趨不平衡。十九世紀末以來，在俄國成為革命勢力的不只是資產階級。俄國的經濟吸收了西方的資本和技術，在尚未擺脫落後的、亞細亞式的農業社會形態以前，它已經同時有了大規模的現代工業。在大量農民還沒有轉業以前，幾個大城市已經孕育了工人階級，工人的人數雖然不多，但是卻高度集中。俄國的社會矛盾遂陷入了重疊的矛盾狀態：一方面，沙皇政府和地主資產階級沆瀣一氣，同其餘的所有人作對；另一方面，新興的工業資產家又與工人對峙。

這種情況使列寧和托洛茨基在一九〇五年就得出一個結論：俄國的資產階級和封建勢力在利益上趨於一致的。為了保護它的利益，資產階級可以放棄革命，因此，爭取民主和民權、沒收地主產業、推翻封建政權等等的資產階級革命任務就落在無產階級身上。

為了解決俄國社會這種特殊的不平衡發展，列寧提出了「工農聯盟」的方案，托洛茨基營造了「不斷革命」的理論。

托洛茨基的不斷革命構想，是在更大的國際範圍內考慮解決俄國社會的重疊矛盾狀況。他認為資產階級革命一爆發，無產階級革命可隨之進行，這是「不斷論」的第一層次的涵義。但是由於俄國社會的落後狀態，社會主義革命不可能在俄國一個國家內持續進行，它需要先進的西方無產階級的援助。社會主義革命雖然可以在民族國家的基礎上誕生，但是如果它不超越國界而推廣到國際的基礎上，它就會在一國之內窒息而死。國際基礎才是真正社會主義社會成長的胎盤，因此，俄國革命將只是一個信號，它會引發西歐的真正社會主義革命，這是「不斷論」的第二層次的意義。西歐的社會主義，由於它具備了各種先進的條件，將回過頭來促進俄國革命的升級。由俄國的資產階級革命引動無產階級革命，而俄國的無產階級又引動歐洲的無產階級革命，最後歐洲先進的革命再回來為俄國落後的革命輸血，每個革命階段都是嚴密扣接著的，每個後繼的階段都是由前一個階段的內部發展出來的。這樣，一個階段銜接另一個階段，一環扣住另一環地不斷發展下去，直到階級從社會消失，革命才算完成。

這是一個驚險緊湊的革命推論，因為這個彼此連鎖著的一串革命環節，如果其中有一節脫落，革命就將受到頓挫，倘有其他不利的因素再一介入，這場革命就有夭折的可能。從托洛茨基這種不斷革命的觀點，衡量後來蘇維埃建國史上各個階段的波折，不失為可行的方法之一。

在一九〇五至一九一七年間，托洛茨基的不斷革命理論，在馬克思主義革命思想陣營內日益受到歡迎，例如布黨內部的布哈林、拉狄克，國外的盧森堡都是這個理論的擁護者。托洛茨基的論斷不但為俄國馬克思主義革命者解決了一九一七年歷史哲學和實際局勢之間的矛盾問題，而且它又滿足了俄國民族的自豪感，因為「不斷革命論」推測俄國的革命將會促使先進的歐洲在發動革命後，回轉過來協助落後的俄國，使俄國的發展得以加速，終而鏟除它的落後根性，而與歐洲並駕齊驅，同奔理想的社會。

一九〇五年，在《社會民主黨在民主革命中的兩種策略》中提出了分階段完成俄國革命的藍圖時，列寧是在俄羅斯一國的基礎上建立他的理論的。自此以後，他一直採取批判托洛茨基，而與他的不斷論對立的姿態。但是一九一四年第一次世界大戰爆發後，列寧在反對護國主義的同時，他的意識幅度逐漸擴大，國際主義的比重在他的理論中日益增加，就這樣，列寧越來越接近托洛茨基。一九一五年，列寧已經說出，「俄國無產階級的任務就是要把俄國的資產階級民主革命進行到底，以掀起歐洲的社會主義革命。」[46]一九一七年沙皇崩潰後，他繼續強調了一個革命帶動另一個革命的構想：「並不是特殊的品質而是特殊的歷史條件使俄國無產階級在一定的、可能是很短暫的時期內成為全世界革命無產階級的先鋒……俄國這個國家的農業性質能夠使俄國資產階級民主革命具有巨大的規模，而把俄國革命變成全世界社會主義革命的一級階梯。……俄國無產階級單靠自己的力量不能勝利地完成社會主義革命，但它能使俄國革命具有很大的規模，為社會主義革命造成極好的條件，並在某種意義上開始社會主義革命。它能使自己主要的、最忠實的、最可靠的同伴——歐洲和美洲的社會主義無產階級易於進入決戰。」[47]

列寧這種言論使得後來反對他奪取政權的黨內人士，指責列寧思想中的托洛茨基主義成分。但是歷史證明列寧加托洛茨基，在實力上達成了布爾什維克如虎添翼的優勢，而托洛茨基的「不斷革命論」就在這種情況下，成為一九一七年布黨發動武裝行動的一道及時的潤滑劑。

從這個時候開始，直到一九二四年列寧病逝，托洛茨基在布爾什維克黨內逐漸成為僅次於列寧的領袖。但是，作為一個政治領袖，托洛茨基有其根本的缺陷。他不是一個原則性的思想家，但是在馬克思主義的傳統內，可以算是第一流的理論家，有犀利獨到的見解，分析和雄辯的鋒芒在革命黨人之中更是所向無敵。托洛茨基雖是紅軍司令，但他卻不諳政治上的謀略，他是一個革命的貴族，經常拒人以千里之外，旁若無人和孤芳自賞幾乎是他的致命傷。托洛茨基雖是「一個大知識份子、大行政人才、大演說家，但他缺乏大政治領袖的一個重要素質——至少就俄國的革命情況來說是這樣的。托洛茨基能夠激發人們去擁戴追隨他。但是在同輩的領袖群中，他缺少統御他們的才具。他不能在同僚之間建立他的威信，他沒有虛懷若谷、循循善誘的氣度，對見識不如他的人，他沒有同情或聽取其意見的雅量。他不能忍受愚腐之輩。他由於無法容忍異己而遭受責難。」[48]托洛茨基在黨內引人崇敬，也惹怨懟，但是由於列寧的支持，在革命後他能夠一帆風順，高居領導地位。但是，一旦列寧去世，失去了支撐，托洛茨基就從高處跌下，一頭栽向悲劇的下場。列寧死後，黨內繼承問題的鬥爭，斯大林主義的崛起，甚至三十年代蘇共大屠殺等種種歷史事件的造成，除了其他原因之外，托洛茨基的性格是不容忽視的一個因素。

十月九日布黨中央委員會的會議報告指明，立即奪取政權是「不受歡迎」的，「群眾對我們的號召將不知所措」。然而，奪取政權本是少數革命者的事情，大可不必驚動群眾。這是列寧在七月暴動中得到的教訓。列寧在黨內雖遇到了不同意見的阻撓，但是在「政權歸蘇維埃」的號召下，他獲得了不少布爾什維克以外的支持，加上當時托洛茨基的武裝力量，已經構成了奪權的必要條件。當時孟什維克之中也有部份參與行動，例如孟派的安東諾夫・奧夫辛科就是實際執行了包圍臨時政府的任務。當時廣大的工人群對奪取政權也不格外表示熱衷，而在整個行動過程中，俄國的農民則採取中立的態度。[49]

一九一七年十月二十四日，列寧堅持不再拖延而採取行動了。布爾什維克在夜晚發動武裝赤衛隊圍攻了臨時政府所在地冬宮。第二天清晨市民看報才得知昨晚有政變。二月革命時，沙皇政府還掙扎了一個星期才倒台，這次十月革命，臨時政府只在幾小時之間就被解決。大衛・米契爾（David Mitchell）說，「布爾什維克不是捕獲了國家之船，而是他們登上了一條棄船。」臨時政府總理克倫斯基事後被問及，他的政府早已得知布爾什維克將有行動而為什麼不及早加以鎮壓時，他坦誠地回答說：「我用什麼力量來鎮壓他們？」[50]臨時政府在沒有武器實力的情況下只有竄逃。

到這裡，我們可以得到幾點初步的結論：

1. 與二月革命相反的，十月革命不是客觀情勢逼迫下自然爆發的，在這次行動前既沒有出現大規模的工潮也沒有釀成自發性的示威，它是布爾什維克在局勢漸趨平靜時，祕密策動的政變；

2. 布爾什維克內部對列寧提出奪權的倡議原先多半表示反對，認為在當時的條件下奪取政權是違反馬克思主義的歷史階段論的；

3. 列寧選擇十月二十四日發動政變是經過深思熟慮後所下的決定。因為第二天，十月二十五日是蘇維埃第二次代表大會開幕的預定日期。一般期望在這個大會上產生一個由所有社會主義黨派聯會組成的政府，而不是列寧心目中的一黨專政，因此列寧在開會的前一天突然發動政變，先造成既成事實，以便在第二次大會上布爾什維克可以以當權政黨的身份出現。

形勢一如列寧所預料地在發展著，也好像是在列寧強有力的個人意志的有效控制下在發展著。第二次蘇維埃代表大會設立的人民委員會清一色由布爾什維克組成，而列寧自己擔任主席。這是一黨專政的歷史起點。當時反對一黨專政的思想普遍存在於社會主義的革命陣營內。因九月間鎮壓科爾尼洛夫的事件上發揮了重要作用，而政治力量迅速增長的全俄鐵路總工會執行委員會立即倡議組織社會主義聯盟形式的「社會主義政府」。十月二十九日，布爾什維克中央委員會在列寧和托洛茨基缺席之下，一致通過成立這種聯盟政府的建議。隨後馬上實際進行磋商工作。十一月一日，列寧要求停止關於設立聯盟政府的會談而遭到反對。當時擺在列寧面前的形勢是：由所有工人政黨，也就是在所有蘇維埃有代表的各政黨聯會組成新政府，或者，以政治恐怖的手段建立清一色的布爾什維克政府。

到十二月底，列寧經過一番斡旋之後終於又占了上風，他個別說服了反對派的領袖加米涅夫和季諾維也夫等人，並答應恢復他們的領導地位，而且還讓社會革命黨中的少數幾個人任職政府機構。就這樣，布爾什維克的壓倒性領導權沒有受到削減，而整個黨和政府，就在列寧的強烈意志的推動下走上了一黨專政的道路。第二年列寧宣布全國進入戰時共產主義時期，把一些持有反對意見的孟什維克和社會革命黨人劃入自衛份子之列，採用恐怖手段來鎮壓。

列寧主義定型的第二個決定時機是一九二一年。

一九一八年俄國進入內戰時期，農業凋敝，工業癱瘓，飢荒蔓延全國，死亡率比革命前成倍地增加。布爾什維克缺乏經驗，思想過左，黨制訂的一些措施過分激烈，不符合情理。列寧和其他領導在浪漫主義的衝擊下提出的，統稱為「戰時共產主義」的措施，打破了消費品生產和當時存有的經濟交換制度。在農村，農民的土地生產被強制徵收，而且禁止自由買賣。農民對這種制度缺少心理和思想上的準備，一時不滿和怨憤籠罩著農村社會，到一九二〇年夏季，農民暴動開始以游擊戰的形式出現。而以工人的名義進行的革命，也不受工人歡迎。一九二〇年底，彼得格勒的罷工和示威漸趨惡化。一九二一年三月，喀琅施塔德（Krentadt）的工人、水手和衛戍部隊叛變，他們要求：(1)重選各地蘇維埃；(2)工人、農民和所有左派政黨有言論自由；(3)釋放一切政治犯；(4)廢除在軍隊和農村中設置的共產黨恐怖監視組織；(5)工會自主；(6)農民可自由使用土地。共產黨對這些要求的答覆是，派遣紅軍將之殲滅，並處決了叛變的領袖。

喀琅施塔德式的情緒是普遍存在的。在黨內外都存在著對共產黨獨裁的不滿現象。黨內的季諾維也夫曾經承認，如果當時召開工人大會，百分之九十九的代表將是孟什維克和社會革命黨人。托洛茨基指責季諾維也夫誇大其詞，但是隨即他承認如果由工人自由選擇，大部份的代表將不是共產黨人（即布爾什維克），托洛茨基下結論說，黨「有義務保持專政，儘管混亂的群眾暫時搖擺不定，儘管工人階級也暫時搖擺不定。」一九二一年三月召開的俄共第十次全國代表大會就在這種普遍存在著對新政府不滿背景下進行籌備工作的。

當時，共產黨面臨著兩種可供選擇的道路：在經濟上，繼續推行教條的「社會主義」政策，或實施新經濟政策，放棄強制徵收農民生產，允許農民自由耕作，開放自由市場，而外貿、銀行和大工業仍由國家控制；在政治上，促成調和，對外同其他社會主義黨派共掌政權，對內將黨內言論自由合法化，或繼續一黨壟斷政權，而以恐怖手段對付反對派。列寧在經濟上選擇了新經濟政策，而在政治上選擇了繼續一黨專政。在十大全會的前夕，反對列寧領導的共產黨，計劃以武力推翻新政權的自衛份子的意圖已經成為過去，零星的謀叛事件都屬於規模極小而組織鬆散的個別行為，國際上也逐漸走向承認新政府的趨勢。根據現有資料的估計，在一九二一年，反革命的力量和威脅不但不大而且還迭次在消滅。當時國內存在的兩大社會主義政黨是社會民主黨（即孟什維克）和社會革命黨。社民黨自始至終反對以暴力對付布黨。雖然有個別的孟什維克早先曾參加反布爾什維克的暴亂，但是黨的政策是反對自衛份子的反動，而支持布爾什維克的。在內戰期間，它曾向共產黨提供了不少軍事和非軍事的援助。但是共產黨越來越不能忍受社民黨的批評，在十大全會以前，共產黨以行政處分和歧視來制裁社民黨。另一方面，社革黨確實一向主張採用暴力。在內戰期間，一開始它就明確表示反對布爾什維克，並與自衛份子合作，但後來發覺與自衛份子聯合是不可能的，便於一九一八年正式放棄這種合作，同時也放棄武裝抵制的政策，從現有的資料，很難證實在一九二一年，社革黨還在農村搞武裝暴動的論斷。一九二一年，國家的命運操在列寧手中。他有機會化解社會主義內部過去的敵對局面，而帶領全國的廣大群眾，在合作和合法的基礎上，而不必在不受歡迎的布爾什維克一黨專政的基礎上，重建百廢待興的俄國。

但是，十大全會以後，列寧對社會主義黨派開始採取恐怖手段去肅清。社民黨的領袖們被逮捕，然後放逐離國。社革黨的領袖們則遭遇到較悲慘的命運，他們被捕後，於一九二二年被送上法庭審判，這開創了蘇聯特有的公開審判「人民公敵」的形式。黨內負責宣傳和統戰工作的領導人拉狄克在十大的會議上曾經公開表示，共產黨既然放棄原有措施而採取了孟什維克一向主張的新經濟政策，如果這時再繼續容忍孟什維克的話，它遲早會來要求分掌政權的，而在廣大的農民群眾反對共產黨而支持社會革命黨的時候，如果共產黨給社革黨自由的話，這等於是共產黨的自殺。[51]這或許可以用來解釋當時共產黨懷有主觀恐懼心理使他們不敢放手搞大團結，反而造成更加內向的、更加集中的小圈圈意識。後來，斯大林的反對派——顯著的例子有托洛茨基，為了區別列寧主義和斯大林主義的不同，強調列寧在十大全會提出和通過的，對付反對派的措施是臨時性的。但這種說法並沒有什麼事實可資證明。列寧經常說政治上沒有任何道德，只有權宜之計。所謂權宜之計，就是迫於客觀形勢而不得不然的意思，從俄國革命史看列寧主義的形成過程，的確可以了解到列寧迫於形勢的許多作法，但另一方面，列寧的強烈意志也經常製造形勢。列寧主義不完全是形勢造成的一個被動的理論。從一九一七年和一九二一年的情況可以看出，列寧早有一黨專政的構成和壓制反對意見的傾向。十大全會正式通過決議後，列寧的黨就逐漸成為一種聲音一種行動的政黨，而蘇聯也將成為無聲的蘇聯，憲法上規定的自由只能用在批判當權者指定的叛徒上，對付托洛茨基、季諾維也夫、布哈林……的死屍，人民有絕對的自由和民主。蘇聯人民對昨天的錯誤可以發言，對今天則束手無策，對明天更是茫然不知。

卡繆提到過，巴黎公社的失敗和列寧親哥哥亞歷山大參加謀刺沙皇的恐怖行動而遭到處決這兩個事件，對列寧以後形成的思想可能有不小的影響。大哥的犧牲使列寧日後加倍反對從事恐怖行動的英雄主義，而不斷強調建立嚴密組織和奉行鐵一般紀律的重要性。巴黎公社的失敗使列寧對實行普選和公開批評等民主方式產生疑懼，而從下意識就加以排斥。在反沙皇的革命期間，列寧反對黨內進行討論和批評的理由是為了避免沙皇警察的破獲和鎮壓；在奪取政權的初期，列寧反對的理由是，黨內的批評將助長敵人的聲勢，斯大林在三十年代大興黨獄時也襲用了類似的理由：蘇聯正受到資本主義敵人的圍堵，而蘇聯的「人民公敵」是裡通外國的。前後時期所提出的控制理由雖有不同，但是理由背後的思路則是一脈相承的。從早期的地下活動開始，蘇共就培養了一種緊張的、封閉的圈圈意識。在恐外和防敵的情況下，杜絕了民主的出路。後來提出的「民主集中制」，在性質上是強調集中，勝於強調民主，它的目的是要講求效率，而不在於體現民主。例如，在一九二〇年，當黨的工作重點從奪取政權轉移到經濟重建時，列寧仍然強調紀律與組織，目的就是要在意志統一下達成工作的效率：

對的，現在的任務是要把無產階級所能集中的一切力量，把無產階級的絕對統一的力量都投到經濟建設的和平任務上去，都投到恢復破壞了的生產的任務上去。這裡需要鐵一般的紀律，鐵一般的組織，如果沒有這種紀律和組織，我們不僅不能支持，兩年多，甚至連兩個月也支持不了。[52]

當時，列寧和托洛茨基在黨內大肆推行意識型態軍事化的宣傳工作。要求在黨和國家的行政部門也要像軍隊一般，實行絕對服務的制度，建立金字塔般的嚴密結構。早在一九一八年，列寧就利用「訴諸歷史」這個權威，來奠定個人獨裁的理論基礎；無可爭辯的歷史經驗證明：在革命運動史上，個人獨裁成為革命階級專政的表現者、代表者和執行者，是屢見不鮮的事。個人獨裁與資產階級民主制，毫無疑義是彼此相容的。任何大機器工業——即社會主義的物質的、生產的泉源和基礎——都要求無條件的和最嚴格的統一意志，以指導幾百人、幾千人以至幾萬人的共同工作。這一必要性無論從技術上、經濟上或歷史上看來，都是很明顯的，一切想實現社會主義的人，始終承認這是實現社會主義的條件。可是怎樣才能保證意志有最嚴格的統一呢？這就只有使成百成千人的意志服從於一個人的意志。[53]

在俄共第九次代表大會上，列寧就經濟問題發言時，他把個人獨裁的思想推到了極致。

他抵制黨內的反對意見，強力推行管理上的「一長制」，為了確保意志的統一，列寧要整個無產階級包括在內的全體蘇聯人民「絕對服從蘇維埃領導人——獨裁者的意志」，列寧下結論說：

蘇維埃社會主義民主制同一長制和獨裁毫不抵觸，階級的意志有時是由獨裁者來實現的，他一個人有時可以作更多的事情，而且一個人行事往往是更為必要的。[54]

列寧一生獻身俄國革命，他為了被壓迫的俄國人民而進行無私的奮鬥，這是任何歷史家都無可置疑的。因此，當他說一人的專政和社會主義的民主在原則上沒有衝突時，這也是可以令人相信的，畢竟他一人的專政是為了俄國人民的利益。然而個人的能力和生命到底有限，在他有生之年，列寧的「人治」發揮積極的作用，但這並不能擔保列寧的繼承人個個都像列寧，缺乏「法治」精神，缺乏真正民主的制度，是蘇聯建國以來政治上的大缺陷。列寧主義在這方面沒有作出什麼貢獻，因此有人說列寧是一個偉大的革命家，但不是一個偉大的政治家。從一開始，列寧主義確認少數職業革命家在意識型態和革命行動上的領導權，這種異立特主義預先規定了將來要走「由上而下」的專政道路。這些知識份子革命家充滿了異立特的氣息，他們都深信自己是無產階級的代言人和先鋒隊，甚至於在無產階級起而反對的情況下，他們對自許自封的代辦員身份還是深信不移的。他們向來認為革命家和無產階級之間如果存在有任何矛盾的話，那錯誤不在於革命的領導者，而在於無產階級本身，因為，正如列寧所強調過的，無產階級缺乏知識，不知道他們本身的利益所在，他們隨時需要被領導。

一九二一年，當俄國工人階級對當時的共產黨存在著普遍不滿時，拉狄克對軍事學院的學員說：

黨是工人階級具有政治意識的先鋒隊。現在我們面臨的是，工人快到了忍無可忍的地步，他們拒絕再跟隨領導他們戰鬥和作出犧牲的先鋒隊……工人雖然到達忍無可忍的極限，但是他們不像我們那樣，了解他們真正的權益所在，難道我們就應該屈服於工人的抗議和叫嚷嗎？坦白地說，他們目前這種意識狀態是反動的。黨已經作出決定：我們決不應屈服，我們應該在我們的疲憊和渙散的跟隨者身上，施加我們的勝利意志。55

早在二十世紀初的社會民主黨時期，普列漢諾夫就把列寧這種抑制民主而要求絕對服從獨裁者意志的思想，稱為「唯意志論」而提出了批評。普列漢諾夫當時就發出警號，指出按照列寧這種思想發展下去，將來面臨的難題不是無產階級的專政，而是對無產階級的專政。在革命期間，列寧在國際共產主義運動上的同志盧森堡針對列寧主義的實質也提出了批評：

壓制全國境內的政治生活，蘇維埃的生命也必然會越來越衰萎。不舉行普選，不保證出版和集會的自由。思想不能自由爭鳴，每個公共機構的生命就會死亡，變成一具行屍，而官僚主義就大行其道。公共生活慢慢陷入沉睡，只剩下幾十個精力無窮和經驗無限的黨領導人在那兒發號施行，進行統治。事實上，其中真正領導也只有十來個而已，工人階級的傑出代表不時被邀參加會議，要他們對首長們的演說鼓掌喝彩，對提議的各項決議表示一致贊同——實質上，這搞的是小集團的政治，是一種專政沒錯，但絕不是無產

階級的專政，而是搞黨派政治的一小撮人的專政，這是資產階級式的專政，這是雅各賓統治式的專政……[56]

盧森堡對於俄國革命過程中，逐步塑造成功的那種一黨專政的體制和壓制社會主義陣營內的反對派的作風，也提出批評：

只有擁護政府的人才享有自由，只有唯一無二的獨黨的黨員才享有自由——不管黨員的人數有多少。這根本就不算是自由。給予持有不同意見的人自由，才算是自由，這是自由的唯一涵意。這不是因為對「正義」有什麼不踏實的幻想，而是因為政治自由中一切有益的、健全的和具有淨化作用的因素，都是依賴這個要點才能生存，而「自由」一旦變成一種特權，自由的效用也就喪失。[57]

列寧主義中主張以少數職業革命家，越俎代庖，替無產階級鬧革命的思想並不是列寧主義的獨創。在列寧之前，有名的範例在俄國有民粹派的特克喬夫（Tkachev），在法國有空想意義的布朗基。當時恩格斯對布朗基主義有如下的批評：

由於布朗基把一切革命想像成為由少數革命家所實現的突然變革，自然也就產生了起義成功以後實行專政的必要性。當然，這種專政不是整個革命階級即無產階級者幾個人的專政。[58]

原載《抖擻》第二十七期，香港：抖擻雜誌社，筆名羅安達，頁一—十七。一九七八年五月。

40.《關於一九〇五年革命的報告》，《列寧全集》，第二十三卷，第二五九頁。

41.《論無產階級在這次革命中的任務》，《列寧選集》，第三卷，第十四頁。

42.孟什維克的蘇漢諾夫在他的《一九一七年俄國革命目擊記》中描述了當時俄國革命群眾對列寧言論的反應詳情。四月三日夜晚，列寧抵達彼德堡後就一路被簇擁著到布爾什維克的總部科謝辛斯卡雅宮內，從車站到科宮，列寧已在街頭作了多次講話，後來在宮內又對著兩百多名黨的工人說：「我們不需要議會共和國，我們不需要資產階級民主，我們不需要任何政府，除了工人、士兵和雇農代表的蘇維埃以外。」這場「離經叛道」的話又把聽眾弄得目瞪口呆。蘇漢諾夫回憶道：「我將永遠忘不了那場如雷貫耳的演說，不但像我這個偶然進去的非同道者為之錯愕不已，就連所有真正的信仰者也為之錯愕不已。我相信沒有人預料會聽到這種話。每個人都彷彿靈魂出竅，六神無主，而一股脫韁無羈、一往直前，不知人間艱難和深謀熟慮為何物的、要打爛一切的氣勢籠罩在科謝辛斯卡雅宮的大廳內，在那些追隨者的迷惑神失的頭頂上盤桓不去。」（參看，摩根：《列寧》，M. Morgan, ***Lenin***, New York, 1971，第一〇六—一〇七頁）。

43.《給瑞士工人的告別信》，《列寧全集》，第二十三卷，第三八〇頁。

44.《社會民主黨在民主革命中的兩種策略》，《列寧選集》第一卷，第五二二頁。

45.來自季諾維也夫和加米涅夫的阻力特別使列寧感到棘手。他們聯合發表了一篇聲明，站在馬克思主義的立場規勸黨不要跟隨列寧的主張，因為沒有國際無產階級的援助，布爾什維克的社會主義革命是不可能成功的：

「我們深信，目前要求武裝起義，不但是要把我們黨的命運孤注一擲，而且也是把俄國和國際革命的命運孤注一擲。

「毫無疑問的，歷史上會有一些情況，迫使被壓迫的階級不得不認識到，坐以待斃不如奮勇犧牲。難道俄國工人階級目前已陷入這種窘境嗎？不，一千個不！

「……制憲會議加上蘇維埃——這種混合的國家體制形態，就是我們的目標。我們的黨就要在這個政治基礎上爭取真正勝利。

「我們聽到說：(1)俄國大部份人民都已經站到我們這邊來了，(2)國際上大部份的無產階級也站到我們這邊來了。遺憾的是，這兩種說法都不確實，這就是整個情況的關鍵所在。

「在俄國，大部份工人和相當多的士兵站在我們這邊。但是其餘的所有人都還猶豫不決。我們確信，如果現在舉行制憲會議代表的選舉，大部份的農民將會投社會革命黨的票。這難道是偶然的嗎？廣大的士兵不是因為我們的戰爭口號，而是因為我們的和平口號，才支持我們的。這是極為重要的事實，如果我們不考慮到這一點，我們就有沙上搭房子的危險。……」

「……義大利有掀起大運動的預兆。但是從這一點到積極支援向全世界資產階級宣戰的俄國無產階級革命之間還有段很長的路。過高估計這些力量是非常危險的。毫無疑問的，我們會得到很大的支援，但是我們也要對外作出很大的援助。但是，如果我們孤注一擲而遭到失敗，我們將嚴重打擊雖然正在發展但是發展得很慢的國際無產階級革命。而且，由於歐洲革命的發展，我們理當毫不猶豫地立刻去奪取政權。這也是對俄國無產階級起義勝利方唯一保證。這個時機將會到來，但是現在還沒有到來……」

「我站在歷史、國際無產階級、俄國革命和俄國工人階級的面前，我們沒有權利要求起義而把所有的命運孤注一擲。如果認為現在採取行動而失敗只會造成七月十六至十八日的那種後果，那就錯了。現在問題不至於此。這是決戰的問題，這場戰鬥的失敗就將造成革命的失敗。」（參看丹尼爾斯：《共產主義史：文件彙編》第一卷，Robert V. Daniels, ***A Documentary History of Communism***, Vol. I. New York, 1960，第一一四—一一七頁）。

46. 《幾點綱要》，《列寧全集》，第二十一卷，第三八一頁。

47. 《給瑞士工人的告別信》，同上，第二十三卷，第三八〇—三八一頁。

48. 參看卡爾：《一國社會主義》，第一卷（E. H. Carr, ***Socialism in One Country***, Vol. I, London, 1958），第一五一頁。

49. 十月革命並不是工人階級有明確政治目標之後蜂湧而起的一次革命，它只是一次成功的改變參與行動，只有少數專業革命家和有限的武裝力量。彼得格勒和莫斯科等幾個大城市都有大量不滿現狀的工人和被徵召的農工，但是他們沒有明確的社會主義意識，這一點以後歷史的發展，特別是戰時共產主義時期可以證明。當時的情況是：街頭有大量不滿現狀的群眾，上面的臨時政府懦弱無能，而布爾什維克內部行動中的一群在暗中策劃顛覆行動。這是內外交困下普遍陷於癱瘓虛弱的情況，十月革命是在這個社會背景下策動的，它成功的主要原因可歸結為：①在第一次世界大戰的拖延下，俄國人民產生厭戰心理；②人們對臨時政府和非布爾什維克的各革命政黨的無能和無為，產生不耐的情緒；③俄國人民對整個社會經濟的解體束手無策，處於恐慌求安的狀態；④在這種情況下，布爾什維克善於運用政治謀略，及時提出符合群眾需要的口號（麵包、和平和土地）；⑤布爾什維克有一個組織嚴密、行動統一的黨和武裝部隊，而且經費豐富；⑥布爾什維克有一個強有力的領袖——列寧，他把時常陷於躊躇不前的黨不斷推向行動，終而促成十月奪權的成功。斯大林在一九三四年七月二十六日，《與英國作家威爾斯的談話》中說：

「要革命就必須有領導革命的少數人，但是最有才能、最忠實和最有精力的少數人，如果不依靠千百萬人的那怕是消極的支持，他們就會束手無策。」

這可以說是十月革命的寫照。畢竟這是少數人的革命，廣大的俄國群眾只提供了消極的支持。

一九七七年英美出版了兩本有關十月革命的書。一本是基普的《俄國革命：關於群眾動員的研究》（John Keep, ***The Russian Revolution: A Study of Mass Mobilization***）；另一本是拉賓諾維奇的《布爾什維克奪取政權：一九一七年彼得格勒的革命》（Alexander A. Robinowitch, ***The Bolsheviks Come to Power; The Revolution of 1917 in Petrograd***）。這兩本書都是根據目前所能找到的資料，例如檔案、文件、新聞報導以及當時行動參與者或目擊者的回憶錄等，使用微觀歷史敘述法寫成的。兩書得出的結論大致一樣：群眾沒有自覺地在進行社會主義革命。

50. 澳爾夫：《當權的意識型態》（Bertram D. Wolfe, ***An Ideology in Power***, New York, 1969第一四六頁）。
51. 參看康奎斯特，《列寧評傳》，第一〇七頁。
52. 《俄共（布）第九次代表大會》，《列寧全集》，第三十卷，第四一六頁。
53. 《蘇維埃政權的當前任務》，《列寧選集》，第三卷，第五二〇頁。
54. 《列寧全集》，第三十卷，第四三六頁。
55. 參看巴爾敏，《一人獨存》（A. Barmine, ***One Who Survived***），紐約，一九四五年，第九十四頁。
56. 盧森堡，《俄羅斯革命》和《列寧主義或馬克思主義》合訂本（R. Luxemburg, ***The Russian Revolution and Leninism or Marxism?*** Tr. by B.D. Wolfe），密契根，一九七二年，第七十一—七十二頁。
57. 同上，第六十九頁。
58. 《流亡者文獻》，《馬克思恩格斯選集》，第二卷，第五八九頁。

戰後西方自由主義的分化（六）

我們再回到卡繆立論的原點上：基督教的衰敗促成了虛無主義的鑫起，虛無主義要求破壞，崇尚激進，訴諸暴戾，追求絕對；雖是基督教的一種反動，但是虛無主義在教義上與基督教沒有基本上的不同。虛無主義在摧毀教堂的同時，刻意保存了牧師手中的經典；虛無主義者用另一套術語改編了教義之後，就拿來為自己的暴戾行為進行辯護和佈道。他們親手弒神，公開宣布上帝死亡，自己就取而代之，潛佔了這座全知全能的神位，進而要領導全人類經過歷史的必然道路，走向幸福的王國；在這歷史的必然進程中，任何的反動力量都是反歷史的，從而是反進步的，一律可以用非常的手段加以肅清，卡繆認為馬克思主義就是這種虛無主義的體現。

馬克思主義者組成的政黨繼承了歐洲中世紀教會所發揮的一切作用，教堂是真理在俗世的最後代表，不容任何懷疑和抗議；今天的共產黨也是一個自稱真理在握而一貫正確的機構，它排拒外來的一切批評；錯誤只屬於敵人和過去，正確屬於自己和將來。這種不尊重辯證發展精神逕自僵化的政黨恰恰又標榜辯證法為其理論基礎。歷史告訴我們，共產黨一旦滑進這種霸道的歧路，它可以憑藉絕對化的權力，翻手為雲覆手為雨，造成真理與錯誤，善與惡的大混淆；把整整一個世代逼入黑暗的深淵，撕裂一切道德律，赤裸裸地鼓勵人們為權力而奔競，蕩然僅存的信條竟是：講求沒有原則的原則。這種弔詭狡異的時代在當代已經不是絕無僅有的現象了。

卡繆在追溯歐洲虛無主義的歷史時，發現發展到二十世紀的初葉，虛無主義的禍害還不算大，畢竟它還是囿於個人主義的，同時還堅守一些樸素的道德觀念，一人做事一人擔，不玩弄權術，不作賤辯證法；但是三十年代以後，情況不同了。虛無主義有系統地攀附被歪曲的辯證哲學，百般詭辯，不但要替自己脫罪，而且進而要它的受害者公開讚揚這套不法作為。卡繆說以前的劊子手就是劊子手，今天的劊子手搖身一變成為哲學家；不但如此，以前是以劊子手褒揚劊子手，今天是以受害者褒揚劊子手。在五十年代的開端，卡繆針對這種虛無主義的發展有如下的描述：

三十年前，人們還沒有決定大開殺戒，那時人們崇尚否定，甚至走到以自殺來否定自己的地步。上帝是虛偽的，全世界（我也不例外）都是虛偽的，因此，我選擇自殺。自殺是那個時代的問題。今天，意識型態只求否定別人，只求責怪別人虛偽。殺戒從此大開。每天在拂曉時分，都有披著法官法袍的刺客在出沒。謀殺成為今天的問題。

在比較單純的時代，暴君為了追求一己的榮耀而攻城陷邦，征服者把奴隸打上鎖鏈，拖在戰車後面，在歡騰的喧聲中招搖過市，當著廣場的群眾面前把敵人投餵野獸，在這種坦然自若的罪行面前，理智不曾躊躇搖擺，判斷力也不受干擾。但是在自由旗幟下的奴工營，在慈善和崇尚超人的名義下進行的屠殺多少使判斷力無所適從。一旦罪惡用我們這個時代特有的偷天換日的手法，披上了清白的外衣，那麼被指定進行自我釋罪的反而是無辜者。[1]

既然真假善惡不分，人們崇拜的就是效力和強權，只要證明自己是強中之至強者，真理就站到自己的這一邊來，現代的強權取代了中古的神權。劃分為正義者和背義者的二分法已經不再具有任何意義；現在世界只能分成統治者和被統治者，分成主子和奴才。在這個否定和虛無稱雄的年代，謀殺無論如何都佔據了優勢。李森科事件就是一面鏡子，照出了虛無主義的一個側面。「哲學的效用無邊，它甚至可以把凶犯打扮成法官。」[2]當年李森科把粗糙不成型的辯證法生吞活剝下去，吐出來的就成了他打擊蘇聯科學家的殺手鐧。

黨官僚替無產階級規定歷史任務

李森科事件是一個政黨有意識地以「辯證法」哲學為基礎，出動警察力量來干涉科學研究的實例。它為始的用意、試圖達成的目標、實際採用的手段等等問題至今仍不失為可以深入討論的大課題。卡繆沒有緊扣這些問題作全面的研討，我將這些問題放到以後再回來討論。

卡繆另外提到的黨官僚替無產階級規定歷史任務的問題，也是一個政黨有意識地以「辯證法」哲學為基礎而展開的工作。只是這裡所涉及的問題更龐大、更基本而已。李森科事件充其量只涉及蘇聯的生物科學界，它的後果只是干擾蘇聯二十年的生物學研究和教育，間接影響農業生產，一些生物科學家的生命和前途被摧毀，比較起來它的問題還是局部性的。關於歷史任務的問題就非同小可，它牽涉到一個階級，甚至一個社會和一個國家的前途，它是全面性的、更為艱辛的問題。

針對這個問題，卡繆直截了當地說：「無產階級除了被出賣以外，別無其他任何歷史任務。」[3]革命期間，革命者鼓動無產階級群眾投入鬥爭，把他們編入革命的先鋒隊裡，為未來的革命理想效命；革命成功後，革命者往往變成官僚，而無產階級之中，除了一些個別的例外，作為一個階級仍受到鎮壓，唯一不同的是革命成功後，鎮壓他們的換成了原先鼓動他們追求正義的革命者，這批「革命者」如今要無產階級無條件地服從他們的領導。從被壓迫到反抗，再從反抗回到被壓迫，這幾乎是革命史的規律；換一個角度看，就是從反官僚到革命，再從革命回到官僚，這種規律，史家稱為「熱月反動」[4]（Thermidorian Reaction）。

革新與承平，激進與保守，破與立，總是以相剋相成的形式，在歷史的進程中作辯證的發展。然而沒有一個革命成功的政府或政黨承認自己正在退化，或正走向原我的對立面。以唯物辯證史觀為依歸的共產黨也不接受這一點，它不但不接受，而且往往還可以狡弄辯證法，巧立名目，以進步的假相掩飾反動的實質。遇到這種情況，竟然名為「無產階級專政」，但是實際上無產階級不但專不了政，而且可能還遭受到殘酷的鎮壓。

馬克思和恩格斯生前專心探討無產階級如何進行革命，如何奪取政權的問題，對於取得政權後如何組織政府，如何使革命的政黨不蛻變為反動官僚集團的問題，卻沒有做過有系統的論述。這個工作要等到二十世紀列寧在建立世界第一個社會主義國家時來處理。因此，卡繆在這個黨官僚和歷史任務的問題上主要是針對列寧而發的。

許多人認為列寧的革命理論是法國大革命的雅各賓主義（Jacobinism）的翻版。雅各賓專政時期，即俗稱的恐怖時期，是當時法國資產階級革命的頂峰表現。列寧自己不但對雅各賓主義有極高的評價，而且還進一步與它認同：

一九七三年的雅各賓派是十八世紀最革命的階級即城鄉貧民的代表。當時，這個階級已經在實際上（而不是口頭上）用最革命的辦法、直到用上斷頭臺的辦法制伏了本國的君主、地主以及溫和的資產者，……

雅各賓派的榜樣是很有效益的。直到現在它還沒有過時，只不過應當使它適合於二十世紀的革命階級，即工人和半無產者。對於二十世紀的這個階級來說，人民公敵已不是君主，而是地主和資本家階級。[5]

但是卡繆不認為布爾什維克黨就是二十世紀的雅各賓派。表面看來，兩者都主張但求目的、不擇手段，並認定使用恐怖方式是最能奏效的手段。但是在實質上，雅各賓主義還能堅守一些原則和道德律，而列寧主義卻只信從權宜之計，只講求策略運用，而別無其他可以奉行的原則。

卡繆極為推崇雅各賓派中的重要人物聖朱斯特（Saint-Just, 1767-1794），把他當作雅各賓主義的代表人物。聖朱斯特是一個激進份子，是恐怖時期公安委員會的實際負責人，可以說是把反對革命的敵對派直接送上斷頭台的頭號「革命劊子手」。但是這個二十七歲的青年很了解自己的能力制限，了解雅各賓主義的哲學制限。他們都是盧梭的信徒，深知《社會契約論》所能發揮的效力範圍。公安委員會是在盧梭主張的「人民公意」的旗號下組成的。他們聲稱代表人民公意而進行革命，但是這個聲稱顯然帶有濃厚的主觀意願，到底它代表著多少客觀事實，這是連雅各賓主義者本身也不甚了然的。當熱月黨人也同樣以「人民」的名義起而反對他們時，雅各賓派沒有向熱月派所打的旗號挑戰。當聖朱斯特輪到自己被押上斷頭台時，他保持鎮定和沉默，始終意識到雅各賓主義的制限。他沒有以全知全能的革命者自居，一貫正確的觀念沒有在他的思想中占主導地位，因此，在道德上不形成「勝者為王，敗者為寇」的對立。在聖朱斯特眼中，雅各賓派的失敗只是政權鬥爭的失敗而已，在道德上，他不把敵人與我作黑白對立的塗抹。卡繆看出這是雅各賓主義和布爾什維克主義的最基本的分歧點，在下文討論到馬克思主義的思想根源時，將比較詳細地分析以聖朱斯特為代表的雅各賓主義。現在暫時只舉出它的要點，以襯托卡繆與之對比的列寧主義的本質。

從黑格爾首倡辯證法，反對形式道德，認為人並不必然要遵行某些不容否定的基本原則，發展到列寧就成為一種唯功效是求的權宜哲學，無限制地使用這種權宜哲學終究要發展到權謀和詐術的哲學。尤其是在革命高潮時期，列寧對一切可能阻礙即刻見效的思想和行動，諸如民主觀念和選舉制度，都以資本主義和資產階級的罪名，加以無情的鞭笞。卡繆說：「如果我們檢查一下他（指列寧）在政治鼓動時期的開始和結束時所寫的那兩本書（分別指《怎麼辦》（一九〇二）和《國家與革命》（一九一七）），我們所得到的印象是，他從來沒有停止過同感情的革命行動進行無情的鬥爭。他要取消革命行動的道德，因為他正確地以為如果遵從十誡，革命力量是無從建立的。」[6]

布爾什維克主義取消了傳統的形式道德，試圖代之以無產階級的道德。但是蘇共黨史所揭示的是，無產階級的道德沒有一定的準則，它與黨內的派系鬥爭有直接的關係；而且，道德和其他的一切事物一樣，是為當權的一派服務的，派系鬥爭的起落造成道德準則的不斷修正；為了適應新的權勢，是非和對錯可以一夜之間完全顛倒過來，在泛政治主義當道的社會裡，無產階級在退無可退的死巷中終於找到了一條可以長期適用的道德律，那就是絕對的服從和聽命。

一九五一年當卡繆出版《反叛者》時，他還沒有來得及看到蘇共的進一步變化：一九五三年斯大林死亡，馬林可夫上台；一九五七年馬林可夫披上反黨的罪名下台，赫魯曉夫上台；一九六一年赫魯曉夫領導批判斯大林達到高潮；一九六四年輪到赫魯曉夫自己被黜。

蘇共在五十和六十年代這一連串的起伏劇變，更證明了卡繆提出的疑難並不是無的放矢。卡繆揭發無產階級專政的實質所得的結論是：無產階級不但從來沒有專過政，而且它的利益一再被出賣，一再被葬送在共黨的黨內鬥爭裡面。歷史顯示，共產黨官僚的利益和無產階級的利益經常是處在矛盾對立的局面。其實，在列寧那兒我們可以為這個問題找到相當詳盡的理論說明，從列寧那兒我們還可以追溯出來黨內官僚生活形成的過程。

無產階級為什麼處於被領導的地位？

無產階級是歷史的選民，它將擔起解放全人類的重責。這是馬克思主義的預言，也是這個主義的終極目標。任何投入行動的馬克思主義者都沒有忘記這一點，但是當主義被濫用，思想被硬套時，無產階級這個概念經常被抽空實質，而變成一個物種，被盲目的徒從們拿來供奉膜拜，被政客們扯成旗號來掩飾他們的反動政權。然而放下理論回到現實時，無產階級可以立即消失了它頭上的那一圈光暈，而呈現出它本身的許多難題，無產階級沒有知識，眼光短淺，而且安於貧困；這是歷史的事實，從把無產階級理想化到對無產階級的實況了解，往往是馬克思主義者一段難以過渡的歷程。列寧就曾從這個歷程渡過來，十九世紀末，列寧對無產階級的了解還沒有掙脫理想主義的干擾，他還堅持無產階級自己可以完成它的歷史任務，革命的知識份子或政黨只要從旁協助就可以。而且，無產階級即使得不到協助，自己也可以完成其任務的。但是到了二十世紀初年，俄國的情況越來越有利於革命，但是無產階級卻還不能領悟他們為全人類所負的歷史任務，一直不知道應該起來革命。列寧看到了這一點，原來俄國的工人階級大多數是文盲，由他們帶領進行革命，那是斷然不可能的。

這時，列寧下了一個結論：無產階級即工人階級，是絕對沒有能力自行制定一套革命的意識型態的。對當時俄國工人進行反抗所表現的自發性，列寧不但沒有給予過高的評價，而且指出它的缺點：為經濟利益而鬥爭的自發性本身不能發展到為政治權利而鬥爭的自覺性；列寧對那些吹捧工人自發性的俄國理論家們作出猛烈的攻擊，並斥指這種作法是經濟主義，帶歪了革命的方向。

同時，考茨基在歐洲對工業社會的工人階級的觀察也得出了類似的結論，考茨基認為，社會主義的思想只有在科學知識，特別是經濟科學和現代技術高度發展以後才能產生，而無產階級的知識水平還遠不能掌握這些科學知識；儘管無產階級多麼希望，它終究不能創造出經濟知識，也不能製造出現代技術，這兩種東西都是從資產階級文化那裡發展出來的；因此，科學的代表人物不是無產階級，而是資產階級的知識份子。社會主義的理想也是從這一群知識份子的腦袋裡產生出來的，是這群知識份子把這個理想的星火傳給無產階級的。列寧對考茨基的分析深表同感。列寧說：

工人本來也不可能有社會民主主義的意識。這種意識只能從外面灌輸進去。各國的歷史都證明：工人階級單靠自己本身的力量，只能形成工聯主義的意識，即必須結成工會，必須同廠主鬥爭，必須向政府爭取頒布工人所必要的某些法律等等的信念。而社會主義學說則是由有產階級的有教養的人即知識份子創造的哲學、歷史和經濟的理論中成長起來的。現代科學社會主義的創始人馬克思和恩格斯本人，按他們的社會地位來說，也是資產階級的知識份子。[7]

根據列寧的看法，工人的意識充其量只能發展到「自發性」的階段，而不能超越進入「自覺性」的階段。列寧了解工人的心理，工人可以進行罷工，爭取自己的一點利益，要求廠方作一點改革；但是他們不會自覺地起來進行流血革命，他們的腦袋裡不存有理想社會的遠景，這個未來的圖案要等知識份子灌輸給他們。

少數的知識份子可以比工人更了解工人階級的利益。馬克思說：

問題不在於目前某個無產者或者甚至整個無產階級把什麼看做自己的目的，問題在於究竟什麼是無產階級，無產階級由於其本身的存在，必然在歷史上有些什麼作為。它的目的和它的歷史任務已由它自己的生活狀況以及現代資產階級社會的整個結構最明顯地無可辯駁地預示出來了。[8]

無產階級自己的想法不重要，重要的是無產階級對解放全人類所負的歷史任務，但是由於無產階級知識有限，不能看清自己的歷史責任，只得由有教養的知識份子來為「什麼是無產階級？」「無產階級必然在歷史上有些什麼作為？」等問題作出答案。列寧對拉薩爾所主張的「使自發性服從理論」的論斷稱讚不已，這就是說工人階級要服從革命知識份子的理論指導。

革命的思想體系掌握在非工人的少數知識份子手裡。這個少數集團將來在革命成功後就是布爾什維克的高級幹部。但是工人往何處去呢？列寧沒有忘記這一點：

這當然不是說工人不參加這一創造工作（指思想體系）。但他們不是以工人的身份來參加，而是以社會主義理論家的身份、以蒲魯東和魏特林一類人的身份來參加的，換句話說，只有當他們能或多或少地掌握他們那個時代的知識並把它向前推進的時候，他們才能或多或少地參加這一創造工作。[9]

換一句話說，在理論上工人先要超越或擺脫其原有的工人身份，而爭取到知識份子的身份，他才能成為這一個少數革命集團的成員；工人是革命的先鋒隊而不是革命的領導者，指揮革命的工人前進的是理論家、鼓動者和組織者：

我們應當既以理論家的身份，又以宣傳員的身份，又以鼓動員的身份，又以組織者的身份，「到居民的一切階級中去」。[10]

革命成功的前後，少數工人在黨內出現實際上是一種點綴，不代表工人的掌權，工人階級離登上歷史舞台的距離還很遙遠。

正如盧森堡（Rosa Luxemburg）所說的：「工人階級中的傑出人物不時被邀出席會議，在那裡他們得向領導人物的演講鼓掌喝彩，對提議的各項決議表示一致贊同。」[11]

1.《反叛者》，第四—五和第三—四頁。
2. 同上，第三頁。
3. 同上，第二一八頁。
4. 典出法國大革命，熱月是革命時期共和曆的第十一月，相當於公曆七月十九日到八月十七日。當時資產階級右翼集團在熱月發動政變，推翻雅各賓的革命集團，建立熱月黨的反動統治。後來史家發現革命的激進派在革命後常被保守的反動勢力所取代，把革命從激進時期帶入承平時期，官僚份子們坐食革命的果實，而革命家因不能適應而被淘汰。
5. 列寧，《論人民公敵》，《列寧全集》第二十五卷，第四十一頁。
6.《反叛者》，第二二六—二二七頁。
7.《怎麼辦》，《列寧選集》第一卷，第二四七頁。
8. 馬克思：《神聖家族》，《馬克思恩格斯全集》第二卷，第四十五頁。
9. 列寧：《怎麼辦》，《列寧選集》第一卷，第二五六頁。
10. 同上，第二九六頁。
11. 盧森堡，《俄國革命》和《列寧主義還是馬克思主義？》合訂本（***The Russian Revolution and Leninism or Marxism?***）密契根，美國，一九七二年，第七十二頁。

戰後西方自由主義的分化（總結）

我在《戰後西方自由主義的分化》這個總題下，寫過五篇東西[1]，想用比較長的篇幅來談談今天我們面臨的馬克思主義的種種問題。首先，我藉法國存在主義內部的思想分化作為契機，透過卡繆這一邊的論辯提出了四個圍繞著馬克思主義的老問題，指出古典馬克思主義中過時的幾個方面，這四個問題是：

1. 無產階級和資產階級沒有兩極分化
2. 無產階級的人數沒有增加
3. 民族主義的空前高漲和國際共產運動的衰退
4. 科技發展造成社會階級的再劃分

在歐洲歷史和北美洲近幾百年的發展中，這些問題都不是驟然顯露隨之即逝的現象，而都是具有將近一個世紀經歷的史實，除非憑藉權威指鹿為馬，或者開設宗教法庭審判伽利略們，否則這些都是難以駁斥的事實。半個世紀以來，共產黨們把馬克思奉為革命導師，墨守他百年前的經典，一步不敢跨越，結果他們的歷史解說經常出現時代錯誤的論斷，令人拿它沒辦法。共產黨對人類的前途往往具有過分粗糙的信心，但是偏偏缺乏亞里斯多德那種關鍵性的膽識，可以堅守「吾愛吾師，吾更愛真理」的操守，在歷史面前出落得方正得體，而又能主使風會，引人向前，世界共產黨在這方面的長期墮落才引發了六十年代以後西方左派知識份子的猛省，破除了依賴權威的心理，設法為馬克思主義起死回生，以配合二十世紀的歷史發展，七十年代歐洲工業國家的共產黨能夠擺脫蘇共的控制而在理論上開始開闢新徑，能鑒鑒有據地提出「歐洲共產主義」這種構想，不能不拜這些知識份子之賜，他們以獨立的精神進行研究，而能夠賦馬克思主義以新義。我們幾乎可以用「阿圖塞的世代」來稱呼這一群知識份子。他們中間，除了阿圖塞（Althusser）本人以外，較突出的有盧卡奇（G. Lukács）和葛蘭西（Antonio Gramsci）等。

這些人雖然各有自己的研究範圍，但有一個共同點：正視資本主義社會，承認它的正面發展，不認為資本主義的歷史階級即將消亡，反之，預測它的生命還很長久。在這個前提下，馬克思主義者的工作怎麼調整，就成為他們共同的注意焦點。他們肯定盧卡奇的思想，而且把默默無聞的葛蘭西挖掘了出來。十幾年來，他們標懸的一個目標就是：傳承十九世紀，了解二十世紀，透視二十一世紀。

我大致在這個氛圍下，提出了上面列出的那四個老問題，想用來作為討論的起點。這些論點都是共產黨官方理論所避諱或刻意要加以歪曲的，但是，唯有從這些論點開始，馬克思主義才有在今天進一步發展的可能，因為這些論點不是形而上的命題，而是活生生的事實。

我的第二步工作是轉向號稱世界第一個社會主義國家的蘇聯，驗證一下它是否是馬克思心目中想建立的社會主義國家。我仍然透過卡繆，提出了兩點看法：

1. 黨的警察干涉科學發展

2. 黨的理論家替無產階級規定歷史任務

用這兩點絕不可能囊括蘇聯這個國家的性質和黨的社會結構，因此還不可能充份解決驗證的目的。不過，僅此兩論，足以提出社會主義的理論與實際是相差很遠的。至於已經成為口頭禪的馬列、馬列，到底這兩個人的思想關係如何，則是我以後要加以詳論的。

因此，在《戰後西方自由主義的分化》總題下的那五篇文章可以算作一篇長序，它會引出我今後將陸續寫成的有關馬克思主義的理論與實際的文章。

*手稿

1. 見《抖擻》二、二十三、二十四、二十六、二十七期。

沙特在哲學倫理學留下的空白

對傅柯一代的新人，沙特的《批判》是一個時代的結束，相反，我們並不認為它在六十年代中止，而沙特也不在死後而死；沙特已經過世，但是「沙特問題」並沒有因此而告終。因為沙特在哲學──社會學上提出的諸問題都還沒有，暫時也不可能獲得徹底的解決。尤其是後期他所關心的一些新概念，都還呈現著孕育階段的生硬和龐雜，更潛伏著往不同方向輻射發展的可能性，這是短時期無法整理出來的。指出沙特的「哲學的人類學」（philosophical anthropology）與後來發展出來的各派人文科學之間的關係，特別是與結構主義的各學科、西方馬克思主義和法蘭克福的批判理論之間的傳承和爭論，進而羅列西方現代思想的發展譜系這一個工作，似乎比較有可能做到。但是這種史的理解，即使在西方也仍有待方家學者加以貫穿和綜合。一言以蔽之，沙特的思想，目前還不因他的蓋棺而可以輕易論定。

沙特逝世前的片刻，思維狀態仍極旺盛，並沒有衰疲的頽象，反而透放著潑剌猛進的雄勢，試圖佔領思想新領域的前哨活動仍然頻頻出現，因此造成了「沙特問題」的奇詭和難以論斷。例如在一九八〇年的最後的訪問中，困擾這時沙特的一個問題是：在社會激盪中，暴力和博愛這兩個側面應該如何擺盪而可以兼顧，使新時代產生的方式更為合理。任何只強調一個側面而拋棄另一個側面的作法，在理論上都是偏頗而不完整的，事實上，更經常成為歷史的反諷——傳統人道主義面對政治現實的無能為力以及強權政治之破壞文化和社會生活，都是有目共睹的現實。此外，沙特的最後思想不能規避而去的一個癥結，我們簡括地說，就是康德的問題。在後期思想中，處處以歷史觀點歸結的沙特，最後遇到了這樣一個疑問：有沒有不受歷史條件所左右而存在的一個實體？更具體地說，愛，或社會運動中形成的兄弟般的博愛，是否根源於絕對的設定——與人俱來的良心，而非後天的歷史產物？

倫理學中推無可推的最後一道準則即「絕對命令」——我們再借用康德的一個觀念——如果可以成立，那麼這個具有普遍準效的，不受時空局限的，無條件的命令，即愛，如何而可以同具有歷史條件的暴力相存並在？而「暴力中的人道主義」這個矛盾的陳述又怎樣敷陳？

沙特的思想並不是爛然成熟，骨格卓立，而是充滿了雛形，處處是胎動的跡象，用章學誠的話說，就是還未能「濫觴流為江河，事始簡而終鉅也」（《文史通義》）。與他同時代的卡繆與亞宏（Raymond Aron, 1905–1983）沒有這個問題。亞宏不是思想家，是用思維方式表達自己立場的一個知識份子，用文學創作的語言來說，沙特有發展的情節，亞宏沒有情景可尋，每一個階段內容或有不同，但解決的方式和可以於斯的答案是「如故」，但是他了解沙特這一類思想家。亞宏雖然是把德意志社會學介紹給法國人的功臣——沙特自己也親領其惠，卻不是一個具有獨創性的思想家，但亞宏是自由主義的擁護者，對這一派別的意識型態有明哲的，容易為讀者掌握的解析。

卡繆，和沙特一樣，跨越了文學和哲學兩個領域，一生練就了兩種武藝，是類似宮本武藏式的「二刀流」人物。但是卡繆的思想早有定評，他提出的問題比較單純，屬於人生哲學的範圍，屬於齊克果的傳統，存在思維的傳統，作品裡感性認識優於理性推演。他的早期作品《希西法斯的神話》是一本以熾熱坦誠的追問，直入日常生活的深層，探索生命的意義，展現現代人的荒謬層面，困於疑惑之際，提出自殺是否合理的問題，然後挾其堅忍意識對人生荒謬試加消化的哲學意志，實在是哲學青年的人生體驗的啟蒙佳作。筆者有個偏見，人文學者在思想發端期如未能潛入《希西法斯的神話》（或杜斯朵也夫斯基的《卡拉瑪助夫兄弟們》這類作品），恐怕是莫大的遺憾，對他後來的思想塑造將遺留下無可彌補的空白。

然而，人的問題不只是「人生意義」的問題，它更涉及成年社會的種種雜複事物，廣義的社會學就必然替代青年期的人生哲學，這就是為什麼齊克果終究比不上黑格爾的原因。同樣，在這方面，卡繆也無法與沙特抗衡。在文學創作方面，沙特的成績容或比不上卡繆，但沙特在思想方面叩開的局面，其細密和龐大，則非卡繆所能望其背頸。由於卡繆和亞宏在各自歸宗的思想範圍內推陳出新的程度都不足以創立自己的理論，因此兩人都只是屬于他們自己那個世代的人物。沙特卻不然，他綽綽然超越了他的世代，表陳了那個世代的某一意志／思想的側面。

溫德班（Wilhelm Windelband, 1848-1915）曾經感嘆地說過：「能夠了解《精神現象學》的那一代人已經過去了。」但是，一八三一年以後，黑格爾主義多次重臨人間，而沙特的時代雖也過去，似乎可以確定的是，沙特也會再回到人間，在時代的脈搏重新相應時，「沙特問題」將會得到更系統的處理。在思想歸趨上與沙特異向的結構主義的健將巴特（Roland Barthes, 1915-1980）生前就曾作出預言似的論斷：「沙特的時代終會再來。」

八十年代重看沙特時，西方的法國所肇始的結構主義，和德國的法蘭克福學派都成為極為有用的參照準架。結構主義可以說是存在主義的反動，法蘭克福學派在某些方面和存在主義有共同的趣向和認識，但在其他方面，也有沙特所未及的論點，特別是哈貝瑪斯（Jürgen Habermas, 1929-）對晚期資本主義的分析，是沙特所不及的，也不如谷德曼（Lucien Goldmann, 1913-1970）、馬可維（MihailoMarkovi, 1923-2010）對科技、後工業社會具有透視明暗的眼力，而只著眼於社會。站在對立的和嶄新的地位回顧存在主義，未嘗不是一個具有高度解釋性的角度。

傅柯（Michael Foucault, 1926-1984）在一九六六年就說：

> 大約在十五年前，人們突然地，沒有明顯理由地意識到自己已經遠離、非常遠離上一代了，即沙特和梅羅・龐蒂的一代——那曾經一直作為我們思想規範和生活楷模的《現代》期刊的一代。在我們看來，是一個極為鼓舞人心和氣魄宏偉的一代，他們熱情地投入生活、政治和存在中去。而我們卻為自己發現了另一種東西，另一種熱情，即對概念和對我願意稱之為系統的那種東西的熱情。
>
> 當李維史陀就社會和拉康就無意識，證明了它們的「意義」也許只是一種表面效果，一種泡沫似的東西時，徹底的決裂就出現了。另一方面，那種深深浸透我們，那種在我們之前就已存在，那種把我們在時空中凝成一體的東西，的確就是系統。「我」被消

滅了（試想現代文學）。我們現在關心的是發現「有」（there is）。我們現在說「某人」。在某種意義上，我們就這樣又重回到十七世紀的觀點，但有一個如下的區別：我們不是用人，而是用無作者思想，無主體知識，無同一理論來代替神。[1]

傅柯在這裡所說的「系統」，就是結構。而當他在精神上，同李維史陀和拉康結成神聖同盟時，他清晰地認識到這個同盟是部份針對著存在主義而結合起來的。傅柯說，現在他們說的是「某人」，而上一輩的沙特談的是「我」，是「他人」。沙特把主體／客體對立的意識哲學發展到一個高峰，在本體論上強調「我」，即主體的優位，而傅柯說「無作者的思想」和「無主體的知識」，都是要脫離主、客二分意識的哲學立場表白。他要回到十七世紀重新出發，這一次的出發，從德意志傳統的費希特（Johann Gottlieb Fichte, 1762-1814）開端到黑格爾，傅柯們要特別留意的是，在思想中不夾帶宗教意識。沙特們雖然宣稱自己是無神論者，但更確切地說，他們是反神論者，因為神的形象，絕對的觀念，主／客暝合的矚望，在他們的思想中仍佔有重要的地位。黑格爾的絕對精神是主體和客體結合而為一的際會，在基督教那裡，那是基督上了十字架才獲得的靈，中國哲學中也以天人合一的概念來表述這種絕對的境界，天與人，客體與主體之間相對的消融。傅柯們要同十七世紀以來的理性主義區別開來的重要一點，就是不再用同一哲學來表現類似宗教生活的精神側面。

沙特是一九六八年的五月革命之後，在塵埃落定、局勢大明的情況下重新思考這個問題的。這裡觸及了非常重要的一個思想史的問題：為什麼一個激變的世代過去之後，康德就會重新被提出來，而成為「回到康德去」的一個時期。就歐洲而論，一八四八年歐洲革命之後，李普曼（Otto Liebmann, 1840-1912）提出「必須回到康德去」。巴黎公社失敗後，以考亨（Hermann Cohen, 1842-1918）為代表的新康德主義馬堡學派統御著十九世紀末期的思想界。第二國際（1889-1914）伯恩斯坦（E. Bernstein, 1850-1932）和施米特（C. Schmitt, 1888-1985）再度提出「回到康德去」的口號。二次大戰期間，面對著希特勒的極權政治，波普爾（Karl Popper）則完成了他的開放理論，隱然以一個康德主義者自居。

沙特完成《批判》的前後也是一個激盪的年代，阿爾及利亞脫離法國殖民的革命，書出版的那一年是古巴革命，六十年代初期美國的民權運動深化，反越戰運動擴大為世界性的學生運動，中國大陸的文化大革命，除了一些自己封閉於世界史的國家或落後國家之外，沒有一個國家能寧靜生活。革命潮流席捲了世界各大城市和校園。

七十年代末期，世界又轉入保守的氛圍，當然這保守的思想已經不是五十年代的原版，「意識型態的終結」已經不再聽到，人們吸取了教訓，意識型態的問題是終結不了的。進入保守，這只是一種休息性的過渡，暫時的講和狀態，等待著另一次浪潮的到來。這樣交替發展，我們似乎在預測著未來，在主張著某種歷史主義，而歷史主義是極其複雜的問題，像波普爾（Popper）那樣企圖一腳踩死它，並不是辦法，像沙特那樣，認為有一個歷史，其可能性也未必瞭然於人前。歷史問題，正如「暴力—博愛」問題一樣，是極富歧義性的，它帶著六十年代的烙印，然而六十年代一些過激的想法在事後加以審查，在思想創發上卻可能造成新契機，一個新思想的圓熟。

波普爾在知識論上致力的一個重點就是要修正康德主義，把主體從認識活動中放逐出去，他的理論可以用他的一篇文章的篇名來標明：〈沒有主體的認識論〉，這是波普爾試圖把康德從歐陸的理性主義拯救出來，而放入英國經驗論傳統的努力。傅柯的旨趣也在於「沒有作者的思想」和「沒有主體的知識」，在這方面，他和哈貝馬斯一樣，都站在理性主義傳統中乞靈于經驗——分析哲學。沙特則反對用實證主義的觀點來研究人，因為實證主義標榜價值中立，尤其忽視目的論的透視，沙特稱它為對目的論的色盲症。以人，人的存在，人的意識為研究對象的哲學的人類學和自然科學不同，是不應該同實證主義看齊的。

以傅柯們為代表的法國新一代的熱情，真能夠替代上一代的熱情嗎？如果能夠，它是怎麼替代的？替代的是一些什麼？提出這些問題作為參照準架來重看沙特，我們可以暫時得出如下的論點：

1. 沙特是屬于歐陸意識哲學的傳統，而與英美實證主義的經驗——分析哲學對立。
2. 沙特在方法上歸于現象學的本體論，而又為倫理學所困。
3. 從個體的／心理學出發的社會學。

以下的論述是以上這幾點的申論。除此之外，還有一個問題，那就是沙特到底對中國有什麼意義？這倒不是出於完全實效目的的原因，哲學／文化的問題畢竟沒有現成的效用，但是如果提出了「沙特與中國」這樣一個問題時，除是為了比較純粹的認知興趣之外，自然免不了帶有取長補短的某種文化重整的一點意思的。如果韋伯（Max Weber, 1864-1920）用宗教社會學的比較觀點，說明了中國為什麼不能產生資本主義的一部份理由，那麼，我們在論述沙特的同時，也可以稍加留意，兼顧到這樣一個問題：為什麼中國文化沒有產生過強調主體意識的個人主義的行動哲學？沒有產生羅素？沒有產生黑格爾？沒有產生嚴格化的科學？沒有科學方法？在闕闕皆無之中，中國有什麼？

在中國，沙特的形象是被扭曲的，被腰斬的，沒有呈現他思想的全身照。這主要的原因還是政治干涉學術造成的結果。台灣的青年把沙特當作苦悶哲學的大師，有著大陸帶來的歷史意識的殘跡，在五十／六十年代之間曾經在知識界風行過一時，沙特一些箴言式的字句被搬引出來作為反抗苦悶現實的盾牌。七十年代台灣文化塑料化，由於經濟情況的好轉而造成政治活動的蓬勃，在思想上，政論幾乎取代了一切，也造成了沙特評介工作中道崩殂的部份原因。這與日本的情況很不同，學術界之超出於政治活動，在六十年代，日本已經推出了決定版的《沙特全集》（一九六八年已經刊印了三十三冊），沙特思想深入日本知識界，小說家大江健三郎就是一個實例。台灣思想界充滿了自滿的氣息，一切問題打點成客廳室內裝飾的情調，學術界之趨於政治，沒有什麼大問題，只有茶餘之後半小時就可以座談解決的問題。

我們談沙特的一個主要目的，如前面所提，是要放在中國的範圍（思想傳統和現代問題）來措想，為此，第一論就是暴力論。中國專制之根論，古今中外的學者都試圖解釋，提出了很多看法，有的從氣候和地形（孟德斯鳩）、從水利（馬克思前後人）、從歷史的外患、從制度（黑格爾）等。這些嘗試解決問題的說法各有其優點，但也常給我們只及一隅的感覺——《哈姆雷特》裡說，世界總比哲學夢想多得多。

中國「現代」之難產，難以避免的是以西方的觀點來看中國。胡適、馮友蘭都是這樣，這不只是五四的精神，雖然新儒們想要恢復中國本位的認知方法，但是正如五四以來的評介工作，總是半途而廢。五四以來，熊十力（1885-1968）介紹了一點柏格森，張東蓀（1886-1973）介紹了一些新康德學派，牟宗三（1909-1995）介紹了二分黑格爾和康德，殷海光（1919-1969）的羅素影子幾乎不見。這些西方思想家和學派的介紹都是斷斷續續，論及的時候，還得從頭談起，其中最不幸的是馬克思主義。大陸的情況則更為閉塞。一九四九年以前，存在主義已經有些零星的介紹。如果尼采也算在存在主義的範圍裡，那麼魯迅不但介紹過，而且譯過他的專著；陳世驤（1912-1971）介紹過沙特，當時他把存在主義譯為唯在主義；張嘉謀（1874-1941）在一九四一年翻譯過一本《生存哲學》（商務印書館）的小書。一九四九年以後，大陸對西方實行了鎖國政策，存在主義在中國也就銷聲匿跡。儘管一九五五年北京邀請沙特和西蒙德波娃訪問中國，但是在北京方面，這只是當作政治工作在處理。沙特的著作，一般讀者是看不到的，一些譯本也都是內部發行，由政府規定誰准看，誰不准看。最近一兩年來，沙特被開放了，一時成為青年們注目的對象。中國大陸比其他的「社會主義」國家晚了二十多年才開放沙特，這個現象本身就值得進行社會學的分析研究。從最近的跡象看，中國近日又有壓制存在主義的可能。

沙特不只一次說，馬克思主義已經被搞得僵硬不通，他要給它輸血，讓它成為正正當當的，具有人道精神的思想體系，共產國家的知識份子忙著拿沙特思想來為他們的黨理論「自由化」，為沙特落實了這個願望。共產國家思想部份解凍的轉變期間，沙特的思想充當了破冰船的作用，這是歷史事實。蘇共二十大以後，蘇聯內部和東歐都紛紛引介沙特來將它們的共產主義理論人道主義化。特別是東歐，南斯拉夫的「實踐派」吉拉斯（Milovan Gilas, 1911-1995）在《不完美的社會》中，公然以存在主義來同馬克思主義相抗衡，匈牙利的布達佩斯學派有盧卡奇（György Lukács, 1885-1971）的傳統，對存在主義的接觸所產生的障礙較少，而沙特後期的主要作品《辯證理性批判》的導言〈方法問題〉，則是為波蘭的一份雜誌而寫的。

沙特的幽靈徘徊在共產國家，成為共產國家國內政治局勢隱含的示標，可以說當局越不怕沙特——如今只能說是沙特的幽靈——就越顯其社會的相對穩定和正常。

亞當・謝夫（Adam Schaff, 1913-2006）在《人的哲學》裡說：

> 存在主義的影響力突然爆發出來，這是近年來波蘭知識界最饒人品味的現象之一。不但從哲學的觀點，而且——或許主要地還是——從社會學和心理學的觀點看來是饒人品味的。存在主義，在以前一向為我們的國家忽視，而且對我們的傳統也是陌生的。
>
> 無論如何，當一九五一年我們對自己哲學中非馬克思主義的趨向進行攻擊時，存在主義完全落在我們的計劃之外。但是幾年以後，在一九五六——五七年間，它完成了一股真正的力量——特別是在馬克思主義的圈子裡，一切所謂原創的和革新的觀念都只是從存在主義那裡套取過來的。在馬克思主義和實證主義圈內對存在主義的全然無知助長了這種崇尚新穎和獨創的幻想，甚至在天主教的集團裡，存在主義的變種也突然死灰復燃。存在主義的種種觀念突然在此前不利於它的環境裡造成了這麼大的號召力，這首先需要進行社會學的分析，但也不能止于此；它也具有其嚴格的哲學的一面。[2]

一個社會若只容許一種哲學存在，是不健全的社會。實際上，哲學是並存的，笛卡爾的身邊就有與他針鋒相對的伽森狄（Pierre Gassendi, 1592-1655）；而康德的時代也還存在著駁斥他的人。托馬斯·曼（Thomas Mann, 1875-1955）說：

> 人不僅像一個個體那樣經歷著他個人的生活，而且他還自覺或不自覺地經歷著他的時代以及同時代人的生活。[3]

但是每個人經歷的幅度和深度都不同，只有特殊的少數才能將一個時代精神生活的集體表現在他一個人的身上，成為時代的代言人，和外界注意力的軸心。生活在資本主義國家的沙特，可以說已經「預先」經歷了社會主義國家的生活。

一種獨一無二的哲學事實上並不存在，這只不過是一種被實體化了的抽象概念而已。在實際社會裡，總有幾種哲學並存著，更確切地說，這共存的各哲學中，只有一種是活的哲學，因為它受人擁戴，因為它表現了社會的總動向，是那個時代人人歸向的文化樞紐。它滲入生活與思想的各個側面種種樣態，而在紛雜中起著統一的作用，使一切都歸宗於它，從歷史的演變來看，一個新起的階級往往要自覺地尋找它自己的哲學。一個具有時代代表性的哲學，應該是那個時代的所有知識的整合，或用沙特的用語，就是所有知識的整體化（totalization），也就是說，這個哲學應具有能力，有系統地把一個時代、一個階級的要求，生活態度、世界觀等，借一組主導範疇或概念，代為推理論說，從而把知識的各個領域整合起來。

西歐資本主義發軔時期，諸如商人、律師、銀行家等新型的人格就在笛卡爾那裡窺見了自己所需要的哲學，一個世紀以後，在工業化的初期，製造商、技師、學者們又冥冥間從康德的世界人（universal man）[4]的影子裡看到了自己，漢繼秦統一中國後，對法家的嚴形厲式普遍感到厭惡，董仲舒等人就從儒家思想中找到了合乎當時需要的東西；十九世紀末，中國知識份子在普遍背棄以儒家為中心的中國傳統時，提倡科學、民主新學的康梁一時成為維新運動的翹首。五四運動時期，新興的階級的思想要求，多少可以在胡適的思想裡得到些微的滿足（儘管胡適的思想，嚴格說起來並沒有完成）。反過來，這個思想也具有統攝、整合的能力，它介紹當時中國人所需要的科學方法，新的生活態度，同時也用新的方法整理國故，它有意圖，也有能力滲入古今中外而成為反映新起的資本家、社會改革家、知識份子的心態的新思潮。（這個思潮隨著中共大一統局面的出現，而暫時退卻，則是另外的問題）。在港、台，這個思潮又刺激了一次中西文化論戰，中共開始放鬆了胡適，開始承認他整理國故的方法學。哲學思想是社會運動的產物，其本身也是一種運動，恆朝向未來。

那麼，沙特的世界的尋索，其特點在哪裡？或者說，沙特所尋索的是什麼一個世界？

現在，讓我們從一個街景開始——

巴黎的街頭，一群人正排隊等公共汽車，他們彼此不相識，大家低頭看報，也彼此不關心，他們都把眼光頻頻投向汽車駛來的方向——因為他們都有一個相同的目的——要上公共汽車，除了這一點共同性之外，他們沒有其他共同的或集體的目標，他們要上車，有的是下班回家，有的是赴約，有的是去看電影，有的是去看病……。為了避免上車的爭先恐後，引起騷動，大家遵行一種社會規則——先來先上。這是一種消極的、偶然的關係組合，並不是基於一種內在的、必然性的原則而安排的——例如不是按照事情的急緩而排出先後，由于排隊的人沒有溝通的可能，一個赴醫院看醫生的病人，因偶然的原因來晚了而排在隊後，如果車子擁擠只能容納排在隊前的幾個人，他便被留下來再等下一班。

以上是被沙特「嘔吐」的街景。

沙特在現代社會裡到處看到這一種偶然組合起來的群眾，他們行走在大都會的鬧街上，他們坐在咖啡館裡，坐在黑暗的電影院裡，住在大公寓裡。沙特把這樣的人群叫著叢集體（series）。這是構成現代社會的大多數，然而是寂寞的大多數，他們孤獨，每個人在鬧街的汪洋中都是一葉孤島。他們一大串、一大掛，在那裡走動。叢列成一堆，可計量而不具個性，每個人都是一個無名氏，可以是張三，也可以是李四，大家結集成一盤散沙，沙粒與沙粒之間不存在任何可以凝聚的膠質。喚起這幅現代城市中萬頭聳動而又寂然無聲的集體的龐大的幻景的，沙特並不是第一個人。現代的讀者無寧已經很熟悉這個大城市的魔景。二十世紀大量的城市理論的社會學和文學創作都已經為這個典型的街景作了見證。然而使沙特的圖像別具一格而能在世紀的後半葉再次成為討論焦點的是他的社會／心理的分析方法。換句話說，巴黎路邊等待公共汽車的街景一瞥所集的表現的現代人的生活特別引發沙特興趣的問題是：為什麼作為有機體的人能夠構成這種無機的組合？對沙特而言，這個問題是他研究的開始。

在沙特看來，這一群一群貌外寂寞的群眾，其內心的活動則不如外表的單純。彼此沒有溝通的人群在意識上卻形成著絲縷盤錯繁複的關係。世界上不存在絕對孤立的人，既便是孤島上的魯賓遜過的也不是孤立絕緣的生活。在離群索居中，他仍有從他的社會中學來而成為他存在的一部份的語言、習慣、記憶……，這些都存在於他的意識中。在孤島上，他還是不能擺脫這些社會、歷史、文明所賦予他的求生的技能和生活方式，如果孤島沒有歷史，魯賓遜身上卻不可能沒有歷史；孤島上既然沒有其他人，他仍然通過他的生活習慣與其他人間接地相處著。孤島上的魯賓遜仍然是他那個社會的一個成員，他沒有，也不可能擺脫他的社會性。他不可能還原到他投入社會以前的面貌重新做人，人實際上也沒有什麼前社會的原貌這種東西。如果醫學上證明胎教可以成立的話，人不必等到投生到社會，他在母體裡就已帶有了特定的社會性。既然連魯賓遜都擺脫不了社會關係，何況是密密稠稠、蜂集成一堆的人群？

獨居於公寓的一個老太太，她午餐時打開一個罐頭，這一動作就充滿了社會性。因為打開罐頭沒有讓你發揮獨立性的餘地。罐頭和罐頭起子都是大量生產的，開罐的方法是單一式的，你按照指示行事就是了，這暗示開罐就是社會行為。現代意識的結構，也和開罐頭一樣，有其單一式的活動，每個人都把自己表現得和其他人一樣。我的行為模式和他人的行為模式沒有差別，每個人在同一種情況下都可以預期做出同一種反應——就像開罐頭一樣。我把自己表現為他人，這是人的基本心態。

沙特在《存有與空無》中描繪了侍者的習慣性動作，他跑堂端盤的樣子：

> 你不必看他多久就會發現：他正在扮演侍者的角色，這並不稀奇。扮演是確定本位（localize）和研究的手段（渠道）。小孩子玩弄自己的身體，為了探索它，為了一樣一樣了解身體上的東西：侍者在扮演他生活中的處境，以便實現這個處境。就如同所有的生意人一樣，他不得不這樣做。他們的身份完全是表演的身份。雜貨店老闆跳雜貨店

老闆的舞，裁縫師跳裁縫師的舞，拍賣商跳拍賣商的舞，他們這種作法無非是要告訴顧客他們是雜貨商、裁縫師，和拍賣商，如果一個雜貨店老闆在那兒大做白日夢，這就冒犯了顧客，因為這樣他就不算一個全心全意的雜貨店老闆了。他應該忠于他作為雜貨商的職責，方算謙恭有禮，正如立正中的士兵，他的正視而又無視的眼光把自己變成了一個士兵物體，因為這是規則，決定他的眼光應該停留在什麼地方的，不是那一剎那引人注意的焦點，而是操典的規定。我們非常留心讓每個人謹守自己的崗位本分，好像我們深怕他會出軌或溢出，一下子逃離他的本位。但是與此同時，卻存在著這樣一個事實，侍者並不可能由內在而直接地就決定了他是一個侍者，像墨水瓶就是墨水瓶，酒杯就是酒杯那樣。這並不是說他不懂得做反思的判斷，或對自己的處境具有一定的概念。他非常清楚一切意味著什麼……，他必須早上五點鐘起床，開店以前打掃門面，把咖啡壺煮上，等等。他也知道這樣做會有什麼回報的權利……拿小費的權利，受工會保護的權利等等。但是這些概念和判斷都是超乎實際經驗之外的，這些都是理論上的可能性，屬於「法律主體」（subject in law）的權利和義務。而這個主體正是我被期待去做而我又不是這樣的一個主體。這並不是說，我不想做這樣一個人，或是說，這個人是另外的某一個人。而這是說，他的存在和我的存在之間沒有任何共同的比較尺度（標準）。他是他人和我自己的「模型」，也就是說，我只能去模擬扮演。但是如果我自己去扮演他，那麼我就不是他，我與他之間正如主體與客體之間，是有間隔的，被空無所間隔。但是這個空無把我從他那種孤絕起來；我不能是他，我只能扮演他，也就是說，只能想像我是他。[5]

各司其職，各守其位，有什麼不安？這個問題在沙特描繪站著等公共汽車的人們時也會引起我們同樣的疑問——到底沙特要的是什麼世界——這一較為終極的問題還是暫留下來，只問到底在這些人身上沙特看到了什麼毛病？

沙特的「叢集體」究竟是不是現代社會的特殊現象？能否歸入西默（Georg Simmel, 1858-1918）等人的現代城市的社會學傳統裡？這一點沙特比較曖昧，對沙特來說，虛無不是自我欺騙式的想像的自由，叢集體不是麻木不仁，也是有意識活動的。沙特反對佛洛依德的無意識狀態，魯迅也是。那麼沙特的叢集體的現代意義在哪裡——是看到了資本主義個人主義原子論的前景嗎？沙特是社會發展的透視，而魯迅則是救中國。

*手稿

1. Pamela Major-Poetzl: ***Foucault,*** 見布洛克曼，《結構主義》，中譯頁一二一——一三。
2. Adam Schaff: ***A Philosophy of Man***・亞當・謝夫，《人的哲學》，一九六二年。其為華沙大學的哲學教授，波蘭工人人民黨中央委員會委員。
3. 托馬斯・曼，引自《近代心理學歷史導引》，頁三九八。
4. 見其《方法問題》***Search for a Method***，頁四，一九六三年。
5. 《存有與空無》***Being and Nothing,*** 頁五九—六十。

The Guo Sung Fen Collection

All the wondering and searching has one central image in mind, that's the author's homeland: Taiwan.

Volume 1

Guo Sung Fen on Baodiao Movement

1971, Berkeley, at the center of civic protests that lead to counterculture prevailing the US, students from Hong Kong and Taiwan got organized by an abrupt issue: to reclaim the sovereign of Diaoyu Islands, which marked the beginning of the so-called Baodiao Movement. Originally a pursuer of academic achievements, Guo Sung Fen suddenly found himself involved deeply into these political/national controversies. This collection detailed the dynamics beneath Baodiao Movement, gives us a better view of the turnning point that affect the course of Taiwan till now.

Volume 2

Guo Sung Fen on Civic Engagement

Intellectuals would always be challenged with the classical dilemma: whether to engage in political and societal issue whenever possible, or to maintain individual independent all the time. On the high tide of Baodiao Movement, these two contradictive approaches collided head-to-head and inevitably led to cleavages within comradeship. In the reading of Sartre and Camus, two prominent thinker of 20th century that broke up by activism division, Guo Sung Fen fought his way through enigmatic discourses.

Guo Sung Fen on Civic Engagement
First Edition

by Guo Sung Fen (郭松棻)

Printed in Taiwan

INK Literary Monthly Publishing Co., Ltd.
8F., No.249, Jian 1st Road,
Zhonghe Dist., New Taipei City 235, Taiwan (R.O.C.)
ink.book@msa.hinet.net
http://www.sudu.cc

Chief Editor: Chu An-ming
Text Editor: Sung Minching   Chen Chien-yu
Art Director: Lin Li-hua
Publisher: Chang Shu-min

This publication receives funding support from the Editor Power Project Grant Program by Ministry of Culture, Republic of China (Taiwan)

Library of Congress Cataloging in Publication Data

Guo Sung Fen (郭松棻),
Guo Sung Fen on Civic Engagement

1 Philosophy
2 Collection

ISBN 978-986-5823-56-6 (paperback)

文學叢書 466

郭松棻文集：哲學卷

作　　者　郭松棻
主　　編　李　渝　簡義明
總 編 輯　初安民
責任編輯　陳健瑜　孫家琦　施淑清
美術編輯　黃昶憲　林麗華
校　　對　李　渝　簡義明　孫家琦　施淑清

發 行 人　張書銘
出　　版　INK印刻文學生活雜誌出版有限公司
新北市中和區建一路249號8樓
電話：02-22281626
傳眞：02-22281598
e-mail：ink.book@msa.hinet.net
網　　址　舒讀網http：//www.sudu.cc

法律顧問　巨鼎博達法律事務所
施竣中律師
總 代 理　成陽出版股份有限公司
電　　話　03-3589000（代表號）
傳　　眞　03-3556521
郵政劃撥　19000691 成陽出版股份有限公司
印　　刷　海王印刷事業股份有限公司

港澳總經銷　泛華發行代理有限公司
地　　址　香港新界將軍澳工業邨駿昌街7號2樓
電　　話　(852) 2798 2220
傳　　眞　(852) 2796 5471
網　　址　www.gccd.com.hk

出版日期　2015年11月　初版
ISBN　978-986-5823-56-6

定　價　280元

本書榮獲 文化部 MINISTRY OF CULTURE 編輯力出版企畫補助

國家圖書館出版品預行編目資料

郭松棻文集：哲學卷／郭松棻 著；
--初版，--新北市：INK印刻文學，
2015.11　面；17 × 23公分（印刻文學；466）
ISBN　978-986-5823-56-6（平裝）
1.哲學　2.文集
107　102023322